Inhaltsverzeichnis

Zusammenfassung

Die Informationstechnologien durchdringen immer mehr die Logistik. Die Digitalisierung hat enorme Auswirkungen auf die Logistik und bewirkt einen Wandel. Die Logistik muss sich diesem Wandel stellen.

In dieser Arbeit wird gezeigt, dass die Prozesse in der Logistik mithilfe von Industrie 4.0 und Cyber-Physical Systems optimiert und die Effizienz und Effektivität verbessert werden können. Dies wird im Rahmen der Arbeit durch konkrete Umsetzungsfelder für Logistik 4.0 aufgezeigt.

Zu Beginn werden zunächst Begriffe wie Industrie 4.0 und Logistik 4.0 definiert und erläutert. Da Cyber-Physical Systems und das Internet der Dinge Veränderungen in der Logistik bewirken werden diese im ersten theoretischen Teil näher erläutert.

Darauffolgend werden die Umsetzungsfelder von Logistik 4.0, von welchen eine enorme Auswirkung auf die Logistik erwartet wird, näher untersucht:

- Assistenzsysteme,
- automatische Identifikationssysteme,
- Datenerfassung und -verarbeitung enormer Datenmengen,
- autonome Systeme und Robotics.

Die gefunden Umsetzungsfelder werden theoretisch auf Ihre Auswirkungen, anhand von praktischen Beispielen, auf Unternehmen untersucht. Dabei werden Chancen und Herausforderungen für betroffene Unternehmen herausgefiltert.

Die Auswirkungen von Industrie 4.0 und Logistik 4.0 auf das Personalmanagement und die Mitarbeiter sind nicht Gegenstand der Arbeit.

Sven Kraußer

Die Logistik im Zeitalter der Digitalisierung

Chancen und Herausforderungen der Logistik 4.0

Abkürzungsverzeichnis

ERP	Enterprise Resource Planning
EWM	Extended Warehouse Management
KIT	Karlsruher Institut für Technologie
RFID	Radio Frequenz Identifikation
UHF	Ultra Hoch Frequenz
VITOL	Vernetzte intelligente Objekte in der Logistik
WMS	Warehouse Management Systems

Abbildungsverzeichnis

1 Einleitung

Die Informationstechnologien durchdringen mehr und mehr sämtliche Prozesse, Produkte und Geschäftsmodelle in der Logistik.[1] Die Digitalisierung und deren Auswirkungen werden nicht nur die gesamte Wertschöpfungskette betreffen, sondern auch einen Wandel in der Logistik bewirken. Von der Logistik wird eine hohe Anpassungsfähigkeit erwartet, gleichzeitig müssen die Aufgaben stabil und verlässlich ausgeführt werden. Die Digitalisierung kann die Logistikunternehmen bei der zuverlässigen Erfüllung der Aufgaben unterstützen, die Kundenzufriedenheit erhöhen und einen Wettbewerbsfaktor darstellen. Im Rahmen der Studie „Trends und Strategien in Logistik und Supply Chain Management" des Bundesverbandes Logistik äußerten sich 73 % der befragten Unternehmen dahin gehend, dass sich durch die Digitalisierung hohe Chancen für ihr Unternehmen ergeben.[2]

1.1 Problemstellung

Moderne Informations- und Kommunikationstechnik und IT-Trends wie die Bereitstellung von Informationen in Echtzeit (z. B. durch Tracking), Big Data, Integration digitaler Services, 3D-Druck und autonomes Fahren werden in den nächsten Jahren die Logistik nachhaltig verändern. Die Veränderungen, die sich aus der Digitalisierung ergeben, müssen sich nicht negativ auf die Logistik auswirken, sondern es können neue Geschäftsmodelle und Services entstehen. Das Management in den Unternehmen muss sich jedoch diesen Veränderungen anpassen. Durch die Digitalisierung bieten sich den Logistikunternehmen zahlreiche Gestaltungsmöglichkeiten. Deshalb ist es notwendig, dass die technologischen Entwicklungen, die die Logistik nachhaltig beeinflussen können, bekannt sind und aufgezeigt wird, wo und wie sie eingesetzt werden können. Nur so kann sich die Logistik zum Treiber von Innovationen entwickeln und Ihrer Bedeutung für die Wirtschaft gerecht werden.

---

[1] Vgl. Kersten et al. [2017], S. 8.
[2] Vgl. Kersten et al. [2017], S. 9.

1.2 Zielsetzung

Die o. g. Studie des Bundesverbandes Logistik erarbeitete folgende Technologie-konzepte, die für die Entwicklung der Logistik in den nächsten Jahren entscheidend sind:[3]

- Künstliche Intelligenz und prädiktive Analysen,
- mobile Computing,
- Einsatz von Sensorik,
- fahrerlose Transportsysteme,
- unternehmensübergreifende Maschine-zu-Maschine-Kommunikation und
- Augmented-Reality-Konzepte.

Anhand der aufgezählten Technologiekonzepte soll mit dieser Arbeit aufgezeigt werden, welche Einsatzmöglichkeiten sich daraus für die Logistik ergeben. Es soll eine Auswahl technischer Lösungen zu jedem Schwerpunkt herausgearbeitet werden.

1.3 Aufbau der Arbeit

Nach einer kurzen Einführung werden zunächst Begriffe wie Industrie 4.0 und Logistik 4.0 definiert und es wird eine Abgrenzung vorgenommen. Die Merkmale von Logistik 4.0 werden herausgearbeitet, die Chancen und Risiken dargestellt. Da Industrie 4.0 auf der zunehmenden Digitalisierung analoger Techniken und der Integration von Cyber-Physical Systems basiert, wird auf diese detaillierter eingegangen.

Die Grundlage des dritten Kapitels bilden die einzelnen Technologieschwerpunkte. Diese werden beschrieben und die Möglichkeiten für Logistik 4.0 herausgearbeitet. Vorhandene technische Lösungen werden vorgestellt.

---

[3]   Vgl. Kersten et al. [2017], S. 12.

2 Industrie 4.0 und Logistik 4.0

2.1 Definitionen

2.1.1 Industrie 4.0

Momentan findet die vierte industrielle Revolution statt. Im Gegensatz zu den vergangenen drei industriellen Revolutionen sind die Parameter, die die Neuerung bewirken, bereits bekannt.[4] Die Veränderungen und Weiterentwicklungen werden durch das Internet der Dinge ausgelöst, durch das es zu einer Verschmelzung von realer und virtueller Welt kommt.[5] Grundlage dafür bilden die Cyber-Physical Systems, auf die in einem späteren Kapitel detaillierter eingegangen wird. Moderne Informations- und Kommunikationstechnik durchdringt alle Prozesse und Produkte und Informationen werden zu einem wichtigen Wirtschaftsgut.

Industrie 4.0 bewirkt Veränderungen in der bisherigen Arbeits- und Produktionswelt, die sich somit besser an die Bedürfnisse des Kunden anpassen kann. Individualisierte Produkte in hoher Variantenzahl bei geringen Stückzahlen können so hergestellt werden, dass dies noch wirtschaftlich ist. Mit Industrie 4.0 können sich die Unternehmen an die veränderten Anforderungen durch den globalen Wettstreit besser anpassen. Industrie 4.0 wird in allen Bereichen Veränderungen bewirken. Beispiele dafür sind Smart Health oder Smart Logistic.

Ein wesentliches Merkmal von Industrie 4.0 ist die Vernetzung. Kagermann und Kollegen (2012) sehen den Schwerpunkt von Industrie 4.0 in der „[...] Vernetzung von autonomen, sich selbst steuernden, sich selbst konfigurierenden, wissensbasierten, sensorgestützten und räumlich verteilten Produktionsressourcen (...) inklusive deren Planungs- und Steuerungssysteme."[6] Sie verstehen unter Industrie 4.0 eine horizontale und vertikale Integration und digitale Durchgängigkeit über die gesamte Wertschöpfungskette.[7] Bei der horizontalen Integration kommt es durch die Integration der IT-Systeme zu einem Informations-, Material- und Energiefluss entlang der Wertschöpfungskette. Die vertikale Integration zeichnet sich

---

4   Vgl. Spath et al. [2013], S. 24.
5   Vgl. Kagermann et al. [2012], S. 17.
6   Kagermann et al. [2012], S. 24.
7   Vgl. Kagermann et al. [2012], S. 24.

durch eine Integration der IT-Systeme über die verschiedenen Hierarchieebenen (z. B. Sensorebene, Leitebene für Produktionssteuerung) aus. Die Automatisierung der Produktion erreicht ein hohes Niveau, da alle Prozesse eines Unternehmens gesteuert und miteinander verknüpft werden können. Mit Industrie 4.0 werden kommunizierende, intelligente, untereinander vernetzte und sich selbst steuernde Systeme bzw. Einheiten geschaffen.[8] Dadurch ergeben sich neue Möglichkeiten und Geschäftsmodelle. Es kommt zu einem Paradigmenwechsel in den Steuerungsarchitekturen und der Industrie. Informationen können in Echtzeit generiert und verarbeitet werden. Mechanismen wie Selbstorganisation, Selbstoptimierung und autonome Anpassungsfähigkeit können angewandt werden.[9] Bei Industrie 4.0 kommt es zur Verschmelzung von realer und digitaler Welt.

Hirsch-Kreinsen (2014) nennt mehrere Faktoren, die die Grundlage für Industrie 4.0 bilden. Dies sind u. a.:[10]

- die neuen Sensortechnologien,

- die mit Intelligenz ausgestatteten mechatronischen Komponenten,

- moderne Informations- und Kommunikationstechnik,

- eine umfassende Vernetzung dieser Komponenten und

- ein hoher Grad an Automatisierung.

2.1.2 Logistik 4.0

Wie bereits erwähnt, wirkt sich Industrie 4.0 auf alle Branchen aus. Die Veränderungen betreffen auch die Logistik. Vor allem in der Logistik wird durch Industrie 4.0 mit einem enormen Wandel gerechnet.[11] Grundlagen für die Logistik 4.0 bilden Themen wie umfassende Vernetzung, Automatisierung, Kooperation und Technologie.[12] Nur mit einer Anpassung der Logistik an die Paradigmenwechsel von Industrie 4.0 wie Selbststeuerung und umfassende Vernetzung kann Logistik 4.0 tatsächlich umgesetzt werden.[13] Straube (2017) versteht unter Logistik 4.0

---

[8] Vgl. Kagermann et al. [2012], S. 24.

[9] Vgl. Hirsch-Kreinsen [2014], S. 5.

[10] Vgl. Hirsch-Kreinsen [2014], S. 5.

[11] Vgl. ten Hompel/Henke [2014], S. 615.

[12] Vgl. Czaja [2016], S. 7.

[13] Vgl. Meinhardt et al. [2011], S. 128 ff.

die „[...] Planung und Steuerung von hochintegrierten und automatisierten Informations- und Warenströmen (...) von Wertschöpfungsnetzwerken."[14]

Die Logistiksysteme des neuen Zeitalters weisen Skalierbarkeit, Mobilität, Flexibilität, Wandelbarkeit und Modularität auf. Mithilfe der eingebetteten Intelligenz werden die Prozesse in der Logistik dezentral geplant, selbst gesteuert und in Echtzeit mit kognitiven Fähigkeiten ausgeführt (siehe Abbildung 1).[15] Bei Logistik 4.0 wächst mit der Komplexität der logistischen Systeme das Maß der Selbstorganisation und Dezentralisierung.[16]

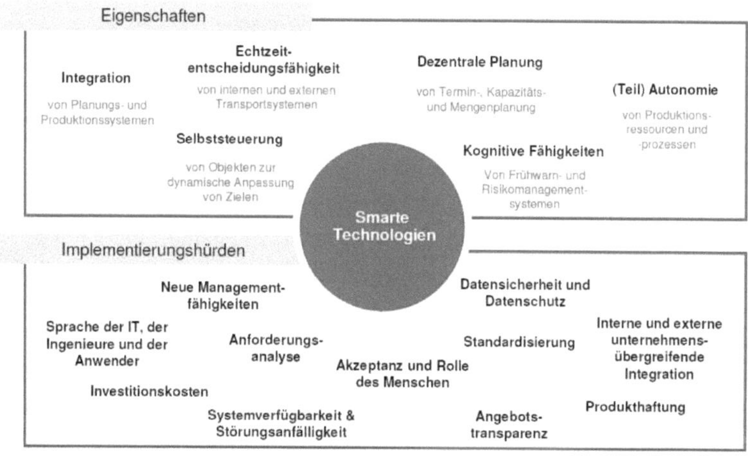

Abbildung 1: Definition von smarter Logistik (Quelle: Straube [2017], S. 1.)

Technische Grundlage für Logistik 4.0 bilden also selbststeuernde und selbstorganisierende Prozesse bzw. Objekte. Mit der smarten Logistik werden Prozesse, Objekte, Kunden und Teilnehmer der Wertschöpfungsketten miteinander vernetzt und integriert. Prozesse der Logistik werden durch Robotik, Sensorik, innovative Produktionssysteme und moderne Informations- und Kommunikationstechnik

---

[14] Straube [2017], S. 1.

[15] Vgl. Straube [2017], S. 1.

[16] Vgl. ten Hompel/Henke [2014], S. 618.

unterstützt. Augmented Reality, Cloud Computing und Big Data werden in der Logistik eine große Bedeutung erlangen.[17]

Die Selbststeuerung bei Industrie 4.0 verlangt ein neues Konzept der Flusssteuerung innerhalb des Unternehmens und über die gesamte Wertschöpfungskette.[18] Durch Industrie 4.0 kommt es zur Auflösung starrer Verknüpfungen innerhalb der Supply Chain.[19] Industrie 4.0 stellt also bisherige Ansätze in der Logistik infrage und wirkt bei der Gestaltung der neuen Prozesse mit.

2.2 Merkmale und Anforderungen von Logistik 4.0

Aufgrund der globalen Veränderungen im Wirtschaften kommt es zu Verschiebungen von Logistik- und Wirtschaftsströmen.[20] Der gesellschaftliche Wandel bewirkt eine Individualisierung der Produkte, Produktion und Logistikströme. Die Komplexität der Wertschöpfungskette steigt überproportional an.[21] Weiterhin kommt es, wie bereits erwähnt, durch Industrie 4.0 zu Veränderungen in der Logistik. Die Logistik muss sich der Komplexität und Dynamik von Supply Chains anpassen. Ein überproportionales Anwachsen der Komplexität kann zu Instabilitäten führen.[22] Mithilfe von Logistik 4.0 kann die Komplexität hinsichtlich

- der Struktur (umfassende komplexe Vernetzung),
- der Daten (enormer Anstieg der Datenmenge),
- der Produktion (individualisierte Produktion bei geringer Losgröße) und
- E-Commerce (Steigerung der Auslieferungsmenge in immer knapperen Zeitfenstern) beherrscht werden.[23]

Komplexe Systeme können durch Selbststeuerung und Selbstorganisation beherrscht werden. Selbst organisierte Systeme sind komplex, da ihre Komponenten miteinander vernetzt sind und in Beziehungen zueinander stehen, die sich jederzeit ändern können.[24] Mit Selbststeuerung und Selbstorganisation wird eine Or-

---

17 Vgl. Czaja [2016], S. 7.
18 Vgl. ten Hompel/Henke [2014], S. 618.
19 Vgl. ten Hompel/Henke [2014], S. 618.
20 Vgl. ten Hompel [2014], S. 3.
21 Vgl. Kersten et al. [2017], S. 117.
22 Vgl. ten Hompel [2013], S. 4.
23 Vgl. ten Hompel [2014], S. 11.
24 Vgl. Luxenhofer [2010], S. 7.

ganisationsform erreicht, bei der keine Anweisungen von systemfremden Akteuren kommen, sondern die dynamischen Ordnungsmuster durch lokale Interaktionen hervorgerufen werden.[25] Dadurch entstehen auf Systemebene Muster und Strukturen. So bildet das Gesamtsystem Ordnungen heraus, die zwar durch die individuelle Verhaltensweise automatisch entstehen, aber nicht bewusst angestrebt wurden.[26] Das Verhalten des Gesamtsystems kann aufgrund der Komplexität kaum beschrieben werden, da es einerseits vom Anfangszustand abhängt und andererseits ein konvergentes, divergentes, zyklisches oder chaotisches Verhalten zeigen kann.[27]

Selbstorganisierende Systeme weisen folgende wichtige Eigenschaften auf:[28]

- Nichtlinearität,
- Redundanz,
- Multistabilität,
- Dynamik,
- Komplexität,
- Selbstreferenz,
- Autonomie und
- Emergenz.

Dadurch sind selbst organisierte und selbst gesteuerte Systeme robust und belastbar. Fällt eine Komponente bzw. ein Teilnehmer des Systems aus, wird das System nicht wesentlich beeinträchtigt. Die Kontrolle in selbstorganisierenden und selbststeuernden Systemen ist verteilt, da es keine zentrale Instanz gibt.[29] Innerhalb des lokalen Kontexts kann eine Weiterentwicklung und Anpassung an die Umwelt erfolgen.[30] Logistik 4.0 nutzt diese Prinzipien der Selbstorganisation und der Selbststeuerung. Im Rahmen von Logistik 4.0 wird auch Schwarmintelligenz eine große Rolle spielen.[31] Die Komplexität und die Dynamik können nur durch

---

[25] Vgl. Schumann [2014], S. 2.

[26] Vgl. Kosch [2005], S. 19.

[27] Vgl. Kosch [2005], S. 19 f.

[28] Vgl. Kosch [2005], S. 19 f.

[29] Vgl. Luxenhofer [2010], S. 7.

[30] Vgl. Schumann [2014], S. 2.

[31] Vgl. ten Hompel [2014], S. 21.

ein „[...] konsequentes Zusammenführen der digitalen und realen Welt" beherrscht werden.[32]

Bei Logistik 4.0 erfolgt ein Wandel vom Prozess zum Service mit dezentralen Entscheidungsebenen.[33] Unflexible Logistiksysteme werden durch kleinere, autonome Transporteinheiten ersetzt.[34] Es können Transportleistungen genau dort angeboten werden, wo sie benötigt werden.[35] Durch den Einsatz von Intelligenz und durch prädikative Analysen können die Logistikprozesse der Wertschöpfungskette optimiert werden.

Technologische Veränderungen wie beispielsweise mobile Endgeräte, Sensorik und Assistenzsysteme werden in der Logistik 4.0 eine große Rolle spielen und Veränderungen bewirken. In den nächsten Jahren werden Anpassungsfähigkeit, Flexibilität, Schnelligkeit und Qualität die zentralen Wettbewerbsfaktoren in der Logistik.[36] Mit Logistik 4.0 werden neue Märkte und Geschäftsmodelle entstehen. IT-Lösungen und Logistik werden miteinander verschmelzen, sodass hybride Lösungen (Anbieter von IT-Dienstleistungen und Logistik) entstehen werden.[37] Die klassischen Mensch-Maschine-Schnittstellen verändern sich.[38] Doch nicht nur durch die Digitalisierung wird sich die Logistik verändern, sondern es werden kundengetriebene und durch Analytics getriebene Innovationen und Geschäftsmodelle notwendig.[39]

Mit Industrie 4.0 und Logistik 4.0 kommt es zu einem Wandel der Arbeitswelt. Die Mitarbeiter müssen sich mit den neuen Technologien beschäftigen und es besteht ein Bedarf nach höheren Qualifikationen. Mitarbeiter und Führungskräfte müssen für einen Umgang mit der modernen Informations- und Kommunikationstechnik fit gemacht werden. Außerdem benötigt das Unternehmen eine Vision, wie mit den enormen Datenmengen umgegangen werden soll. Dazu sind geeignete Kompetenzen notwendig.

---

[32] Kagermann, zit. in ten Hompel [2013], S. 2.

[33] Vgl. ten Hompel [2013], S. 9.

[34] Vgl. ten Hompel [2014], S. 21.

[35] Vgl. ten Hompel [2014], S. 21.

[36] Vgl. Kersten et al. [2017], S. 13.

[37] Vgl. ten Hompel [2014], S. 10.

[38] Vgl. ten Hompel [2013], S. 9.

[39] Vgl. Kersten et al. [2017], S. 13.

2.3 Cyber-Physical Systems und Internet der Dinge

Veränderungen in der Logistik werden vor allem durch Cyber-Physical Systems und das Internet der Dinge bewirkt (siehe nachfolgende Abbildung).

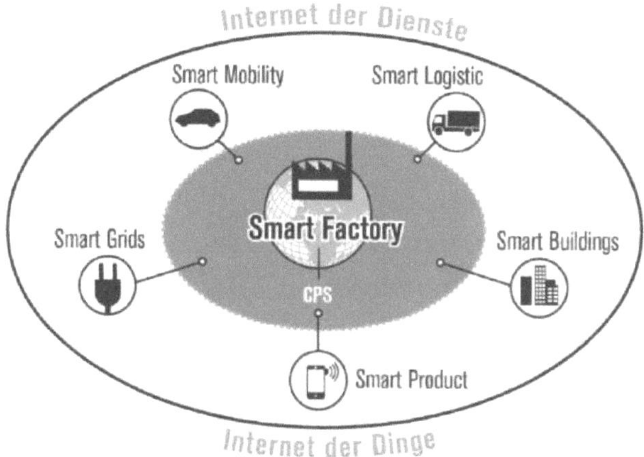

Abbildung 2: Vision Industrie 4.0 (Quelle: Volkmann [2015], S. 6.)

2.3.1 Cyber-Physical Systems

Cyber-Physical Systems bilden die technologische Basis für Industrie 4.0 und Logistik 4.0. Sie sind in der Lage, die Umwelt zu erfassen und gemeinsam mit dem Nutzer das Verhalten an die jeweilige Situation anzupassen.[40] Gemäß Broy (2010) umfassen Cyber-Physical Systems „[...] eingebettete Systeme zur Überwachung und Steuerung physikalischer Vorgänge mittels Sensoren und Aktuatoren über Kommunikationseinrichtungen mit den globalen digitalen Netzen (...)."[41] Cyber-Physical Systems bestehen also aus vernetzten, informatischen und softwaretechnischen Komponenten, die in mechanische und elektronische Teile eingebettet sind.[42] Sie können über das Internet selbstständig kommunizieren und sich koordinieren. Wichtigstes Hauptaugenmerk liegt bei Cyber-Physical Systems auf der

---

[40] Vgl. Geisenberger/Broy [2012], S. 22.

[41] Broy [2010], S. 17.

[42] Vgl. Fiedler [2012], S. 4.

Vernetzung und der gemeinsamen Nutzung von vorliegenden Daten und Prozessen.

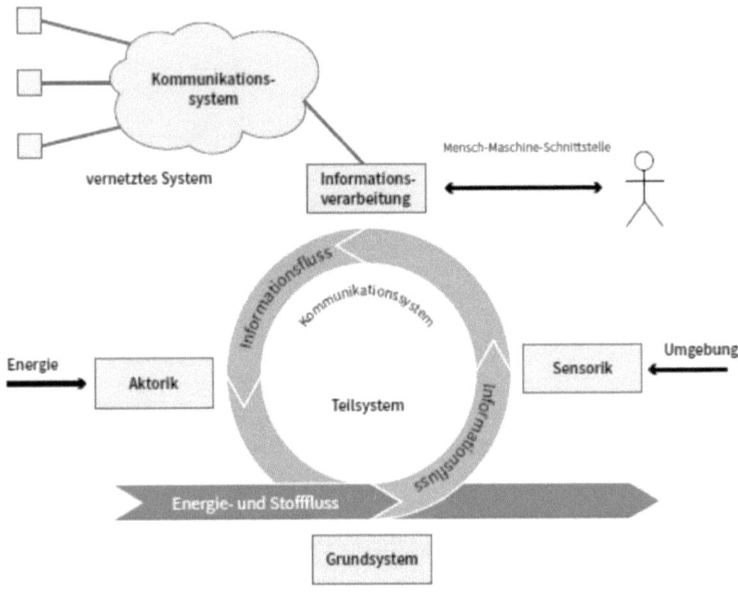

Abbildung 3: Schema eines Cyber-Physical Systems (Quelle: Englert [2016], S. 1.)

Wie in obiger Abbildung zu sehen ist, wird mithilfe der Sensoren die Umwelt erfasst und die Aktoren wirken auf die Systeme ein. Digitale und physikalische Welt sind direkt miteinander verbunden.[43] Dadurch können die Cyber-Physical Systems ortsunabhängig im entsprechenden Kontext Dienste und Funktionen erbringen, die Merkmale wie Autonomie, Adaptivität, Automatisierung, Vernetzung, Verteilung und Multifunktionalität aufweisen.[44]

Die Cyber-Physical Systems können Bestandteil der verschiedensten Objekte (z. B. von Logistik- und Managementprozessen oder Produktionsanlagen) sein.[45] Durch den Einsatz von Cyber-Physical Systems können Anlagen, Maschinen und einzelne Werkstücke sowie Produktions- und Logistikprozesse untereinander Informatio-

---

[43]   Vgl. Broy [2010], S. 21.

[44]   Vgl. Vogel-Heuser et al. [2012], S. 9.

[45]   Vgl. Vogel-Heuser et al. [2012], S. 9.

nen austauschen (siehe Abbildung 3).[46] Informationen können in Echtzeit verarbeitet werden. Die Prozesse können über große Entfernungen und Unternehmensgrenzen hinweg in Echtzeit gesteuert und koordiniert werden.[47] Damit ist eine Dezentralisierung und autonome Organisation der Prozesssteuerung möglich. Mithilfe der Daten in Echtzeit können die Prozesse über den gesamten Lebenszyklus bis hin zum Kunden optimiert werden.[48]

Cyber-Physical Systems weisen einige charakteristische Eigenschaften auf, die besonders für Logistik 4.0 interessant sind:[49]

- Vernetzung (über das Internet und die Nutzung von global vorliegenden Daten und Diensten, weltweite Lokalisierbarkeit, Vernetzung innerhalb und außerhalb des Systems),

- Robustheit (langfristig hohe Zuverlässigkeit und Betriebssicherheit auch bei schwierigen physikalischen Randbedingungen und Ausfällen von Subsystemen),

- eingebettete, lokale Intelligenz (Bewertung der vorhandenen Umgebungsdaten und der Situation und angepasste autonome Entscheidung),

- problemloses Anpassen an sich ändernde Rahmenbedingungen mithilfe von Selbstorganisation,

- lose und dynamische Koppelung der Komponenten (ermöglicht autonomes Handeln und eine aktive Echtzeitsteuerung),

- umfangreiche Interaktionen mit Umwelt, anderen Netzen und innerhalb der Netze über Sensoren und Aktuatoren,

- Ablaufoptimierung durch selbstständige Organisation und Zuordnung der notwendigen Ressourcen (z. B. Bestellung von Wartungsaufträgen) und

- neue Systemfunktionalitäten durch das Zusammenspiel von Software, Nutzung digitaler Netze und Nutzungsschnittstellen.

Für die Logistik bedeutet dies, dass durch die Cyber-Physical Systems eine Koordination des Wertschöpfungsnetzwerks über die Unternehmensgrenzen hinweg

---

[46] Vgl. Bundesministerium für Bildung und Forschung [2013], S. 6.

[47] Vgl. Bundesministerium für Bildung und Forschung [2013], S. 6.

[48] Vgl. Bundesministerium für Bildung und Forschung [2013], S. 6.

[49] Vgl. Gronau [2015], S. 282 f.; Broy [2010], S. 21 f.; Lee [2008], S. 2; Geisenberg/Broy [2012], S. 62 ff.

möglich ist. Damit kann dieses an die veränderten Marktbedingungen besser angepasst und Wandlungsfähigkeit erreicht werden. Durch die Datenintegration stehen dem Unternehmen Informationen über den Zustand und Aufenthaltsort jedes einzelnen Elements eines Produktionssystems zur Verfügung.[50] Daraus ergeben sich völlig neue Möglichkeiten der Nutzung und Auswertung von Daten, vor allem im Bereich der Logistik.

2.3.2 Internet der Dinge und smarte Objekte

Eine weitere Voraussetzung für Logistik 4.0 ist das Internet der Dinge. Gemäß Ashton (1999) ist das Internet der Dinge eine Vision von vernetzten, miteinander selbstständig agierenden Gegenständen und Prozessen.[51] Charakteristische Merkmale für das Internet der Dinge sind:

- Verschmelzung realer physischer Objekte mit der digitalen Welt und

- Selbstorganisation.[52]

Durch die vorhandenen Sensortechnologien kann die Umwelt erfasst und analysiert werden, ohne dass der Mensch diese Daten beeinflussen oder einschränken kann.[53] Internet der Dinge umfasst also einerseits die mit Technik und Intelligenz ausgestatteten physischen Objekte, die eine eindeutige Identifizierung und weitere Anreicherung mit Daten ermöglichen. Andererseits bezieht sich Internet der Dinge auch auf die Integration der Objekte in das Internet und ermöglicht so eine dauerhafte Erreichbarkeit. Mit der Definition von Atzori und Kollegen (2010) kommt eine semantikorientierte Sichtweise hinzu, die die semantische Erfassung der Daten aus verschiedenen Datenquellen und das Generieren von neuem Wissen umfasst.[54]

Beim Internet der Dinge handelt es sich um eine dynamische, globale Netzwerkinfrastruktur mit selbstkonfigurierenden Fähigkeiten.[55] Über intelligente Schnittstellen werden virtuelle und reale Objekte ohne Bruchstellen in das Informationsnetzwerk integriert und werden so ein Teil des Prozesses bzw. der Pro-

---

[50] Vgl. Gronau [2015], S. 285.

[51] Vgl. Ashton [1999], S. 97.

[52] Vgl. Ashton [2009], S. 1.

[53] Vgl. Ashton [2009], S. 1.

[54] Vgl. Atzori et al. [2010], S. 2789.

[55] Vgl. IERC [2017], S. 1.

duktion.[56] Beim Internet der Dinge werden reale Objekte mit digitalen Funktionen angereichert. Wie in Abbildung 3 dargestellt, schaffen Sensoren und Aktoren die Verbindung zwischen realer Welt und dem Internet. Damit sind Interaktionen zwischen den technischen Systemen, aber auch Interaktionen mit dem Menschen möglich. Dadurch können smarte Objekte innerhalb eines Systems oder auch vernetzt mit anderen Systemen auftreten.[57]

Neben Cyber-Physical Systems spielen diese smarten Objekte bei Industrie 4.0 und Logistik 4.0 eine große Rolle. Smarte Objekte sind Objekte, die elektrische, informationstechnische, mechanische, elektrische und sensorische Bestandteile kombinieren und miteinander vernetzt sind.[58] Smarte Objekte sind alltägliche Objekte, die um die Bestandteile Kommunikation und Computing ergänzt werden.[59] Smarte Objekte sind also reale Objekte, die mit künstlicher Intelligenz verknüpft sind und Informationen austauschen können. Da smarte Objekte mit Aktoren und Sensoren ausgestattet sind, können sie selbstständig Umgebungsinformationen sammeln und auswerten. Gemäß Siegmund (2004) können smarte Objekte ihre Umgebung und deren Veränderungen selbstständig wahrnehmen und erfassen.[60]

Da die smarten Objekte miteinander und mit einer übergeordneten Dateninfrastruktur kommunizieren können, kann es sich bei einem smarten Objekt um viele verschiedene Objekte handeln (z. B. intelligente Produkte oder Anlagen, Dienstleistungen).[61] Gemäß Kawsar (2009) können durch smarte Objekte die menschliche Wahrnehmung und die Erfassung der betrieblichen Situationen verbessert werden.[62] Entsprechend seiner Definition sind smarte Objekte durch folgende Merkmale gekennzeichnet:[63]

---

[56] Vgl. IERC [2017], S. 1.

[57] Vgl. Porter/Heppelmann [2014], S. 5.

[58] Vgl. Schlenker [2014], S. 1.

[59] Vgl. Beigl et al. [2001], S. 403.

[60] Vgl. Siegmund [2004], S. 1.

[61] Vgl. Schlenker [2017], S. 1.

[62] Vgl. Kawsar [2009], S. 15.

[63] Vgl. Kawsar [2009], S. 15; ITWissen [2017], S. 1.

- Wahrnehmungsvergrößerung,

- geringe Größe mit geringem Stromverbrauch,

- geräteorientiertes Situationsbewusstsein und

- ergänzende Dienstleistungen.

Diese Merkmale sind auch für die Umsetzung bei Logistik 4.0 wichtig. Es ist davon auszugehen, dass auch zukünftig Computer immer weiter in den Hintergrund treten und die smarten Objekte diese Funktionen übernehmen werden. Durch die fortschreitende Miniaturisierung werden die Computer in die Alltagsgegenstände eingebettet und somit deren Funktionalitäten wesentlich erweitert sodass überall Informationen erfasst werden können.

Damit können die Computer in das Arbeitsumfeld integriert werden, ohne dass sie wahrgenommen werden, da sie über keine Komponenten zur Visualisierung verfügen.[64] Die Mitarbeiter werden bei ihren Tätigkeiten unterstützt, sind sich aber der Integration der intelligenten Komponenten nicht mehr bewusst.[65] Unabhängig davon muss der Mitarbeiter jedoch die Funktionalitäten nutzen und bedienen können.

Durch die smarten Objekte wird die Entwicklung immer mehr in Richtung autonomer Entscheidungen und Handlungen gehen, da auf untersten Ebenen ständige Interaktionen stattfinden. Es kommt zu reinen Maschine-Maschine-Interaktionen, bei denen die Nutzer nicht mehr direkt eingebunden werden müssen.[66]

Bei der Vernetzung der smarten Objekte kann zwischen folgenden Varianten unterschieden werden:[67]

- Verbindung des zentralen Systems mit mehreren smarten Objekten (beispielsweise zum Bereitstellen von Updates),

- Verbindung von smarten Objekten mit anderen oder mit dem Nutzer bzw. Hersteller (z. B. für Diagnosezwecke) und

- Verbindung der smarten Objekte mit anderen Objekttypen.

---

[64] Vgl. Botthof/Bovenschulte [2011], S. 4.

[65] Vgl. Botthof/Bovenschulte [2011], S. 4.

[66] Vgl. Porter/Heppelmann [2014], S. 5.

[67] Vgl. Porter/Heppelmann [2014], S. 5.

2.4 Chancen und Herausforderungen

Durch die neuen Technologien ergeben sich für die Logistik neue Chancen. Gleichzeitig stellen sie die Logistik vor neue Herausforderungen. Auf diese Aspekte soll in diesem Kapitel eingegangen werden.

Die Bedeutung der Logistik wächst für die Unternehmen immer mehr und wird für die Unternehmen zunehmend zu einem strategischen Wettbewerbsfaktor.[68] So ging in den letzten Jahren die Entwicklung hin zu einem Aufgabenspektrum von funktions- und unternehmensübergreifenden Prozessen in flussorientierten Wertschöpfungsketten globaler Unternehmensnetzwerke.[69] Damit muss die Logistik eine zunehmende Komplexität bewältigen. Es werden hohe Anforderungen an die reibungslose Abwicklung der Logistik gestellt. Dabei müssen Vorgaben eingehalten werden hinsichtlich

- der Zeit,

- der zu transportierenden Menge und

- des Ortes.

Gemäß Wildemann (2004) wird die Logistik zum wettbewerbsbestimmenden Faktor und ist nicht mehr nur Erfüllungsgehilfin der betrieblichen Leistungserstellung.[70] Die Logistik prägt die Gesamtentwicklung der Wirtschaft maßgeblich und treibt sie an.[71] Die Leistungen und Prozesse der Logistik werden immer vielfältiger und die Ansprüche der Kunden steigen.[72] Weitere Herausforderungen für die Logistik sind kleinere Auftragsgrößen, kürzere Bestellintervalle, Verfügbarkeit rund um die Uhr und Verlagerung der Lagerhaltung auf die Lieferanten.[73] Die allumfassende Vernetzung bei Industrie 4.0 wird die Bedeutung der Logistik für die Unternehmen erhöhen.

Logistiknetze verbinden Hersteller, Zulieferer, Endkunden und Transporteure.[74] Cyber-Physical Systems, Internet der Dinge und smarte Objekte können die Un-

---

[68] Vgl. Raubenheimer [2009], S. 24.

[69] Vgl. Raubenheimer [2009], S. 14.

[70] Vgl. Wildemann [2004], S. 67.

[71] Vgl. BVL [2014], S. 1.

[72] Vgl. BVL [2014], S. 1.

[73] Vgl. BVL [2014], S. 1.

[74] Vgl. Brand et al. [2009], S. 105.

ternehmen dabei unterstützen und erlangen damit für die Logistik enorme Bedeutung.[75] Durch Logistik 4.0 soll Transparenz innerhalb der Wertschöpfungskette bei gleichzeitiger besserer Kundenzufriedenheit erreicht werden. Mithilfe von Logistik 4.0 können die komplexen logistischen Prozesse beherrscht und neu organisiert werden. Durch die Möglichkeiten zur Identifikation, Lokalisierung und Statusermittlung sind Positionstracking und Zustandsabfragen in Echtzeit möglich.[76] Mithilfe der neuen Technologien können die Lieferungen weltweit besser geplant und kontrolliert werden. Logistik 4.0 ermöglicht eine gezielte, zeitgenaue Lieferung von angefragten Produkten aus allen Winkeln der Welt.[77] Ein autonomer, selbst gesteuerter Transport logistischer Objekte vom Absender zum Adressaten wird möglich.[78] Die logistischen Objekte suchen selbstständig ihren optimalen Weg und ordern die dazu notwendigen Ressourcen selbstständig.[79] Logistik 4.0 ermöglicht also optimierte Material- und Warenflüsse.

Durch die Möglichkeit der Verfolgung der Logistikwege können Störungen rechtzeitig erkannt und behoben werden. Die Systeme können bei auftretenden Störungen eigenständig Entscheidungen über Änderungen treffen und Lieferanten und Kunden über den Stand der Warenlieferungen informieren.[80] Mit Logistik 4.0 kommen die Waren schneller beim Verbraucher an, die Logistikkosten werden gesenkt und der Verlust an Waren reduziert sich. Die Kundenzufriedenheit kann erhöht werden, da der Kunde die Ware über die gesamte Logistikstrecke verfolgen kann. Damit verfügt er über Informationen über die genaue Position und den aktuellen Zustand der Ware.[81]

Die neuen Technologien können manuelle Tätigkeiten beim Verpacken, Sortieren und Palettieren erleichtern. Auf diese Aspekte wird im nächsten Abschnitt der Arbeit detaillierter eingegangen.

Den Logistikanbietern ermöglichen die neuen Technologien das Anbieten neuer Leistungen und von zusätzlichen Services, Monitoring, Wartungsverträgen u. Ä.

---

[75] Vgl. Brand et al. [2009], S. 105.

[76] Vgl. Acatech [2011], S. 15.

[77] Vgl. Broy [2010], S. 94.

[78] Vgl. Brand et al. [2009], S. 107.

[79] Vgl. Brand et al. [2009], S. 107.

[80] Vgl. Broy [2010], S. 94.

[81] Vgl. Brand et al. [2009], S. 108.

Netzwerkpartnern können zusätzliche Leistungen (z. B. Transportkapazitäten) angeboten werden. Mit Logistik 4.0 entstehen dezentrale Strukturen, und Modularisierung und Flexibilisierung sind möglich. Logistik 4.0 bedeutet aber auch, dass das Transportaufkommen reduziert werden kann, weil Routen optimiert und Leerfahrten reduziert werden können. Es kann ein effizienteres Touren-, Behälter- und Flottenmanagement stattfinden. Gleichzeitig können in die Betrachtung ökologische Aspekte eingebunden werden.

Die Integration von Cyber-Physical Systems und smarten Objekten in die Logistik stellt enorme Anforderungen und Herausforderungen an die Systeme und die Entwicklung. So müssen beispielsweise die IT-Systeme eine vollständige Integration in Hardware und Software ermöglichen. Die IT-Systeme müssen für den Austausch mit anderen Systemen offene Architekturen aufweisen. Es ist eine Architektur notwendig, die die Vielfalt der smarten Objekte integrieren kann. Es müssen die Steuerung, Informationsverarbeitung, Überwachung und Anwendung der einzelnen smarten Objekte in einer IT-Architektur zusammengefügt werden.[82] Themen wie Datensicherheit, Datenschutz und Schutz der Privatsphäre erlangen bei Logistik 4.0 an Bedeutung und können nicht vernachlässigt werden.

Logistik 4.0 muss eine effiziente und effektive Kommunikation und Kooperation sicherstellen. Schnelle Reaktionen auf Störungen und Veränderungen aus den internen und externen Umgebungen müssen möglich sein. Beim Einsatz smarter Objekte in der Logistik müssen diese eine hohe Verfügbarkeit, Zuverlässigkeit und Wartbarkeit aufweisen. Weitere wichtige Eigenschaften sind:

- hohe Ausfallsicherheit,
- hohe Rechenleistung und Performance,
- Energieeffizienz und
- Robustheit.

Trotz dieser Forderungen müssen die smarten Objekte preiswert sein, denn erst dann kann eine weitverbreitete Integration in die Objekte im Rahmen von Logistik 4.0 erfolgen. Eine Umsetzung von Logistik 4.0 muss wirtschaftlich sein.

Durch die umfassende Vernetzung beim Internet der Dinge kann ein höherer Nutzen erzielt werden. Es ist eine viel höhere Zahl von Verbindungen zwischen den

---

[82] Vgl. Nyhuis et al. [2011], S. 75.

Teilnehmern möglich. Jedoch müssen effiziente Netzwerktechnologien mit entsprechender Bandbreite vorhanden sein, die die notwendigen Übertragungsraten absichern. Mit Logistik 4.0 entsteht ein hoher Kommunikations- und Koordinationsaufwand zwischen den Komponenten und den eingesetzten Ressourcen, der offene und herstellerunabhängige Architekturen bedingt. Erst mit Interoperabilität können eine gute Integrierbarkeit und eine schnelle Konfiguration gesichert werden.[83] Dies wird durch flexible Schnittstellen und Standardisierung ermöglicht.[84]

Mit den modernen Technologien können die Systeme die Umwelt erfassen, Veränderungen wahrnehmen und darauf reagieren. Dies bedeutet, dass sich die Systeme hardware- und softwareseitig an diese veränderten Rahmenbedingungen anpassen können. Die Veränderungen und die damit verbundene Adaptivität dürfen keine Auswirkung auf die Leistungserbringung haben. Die eingesetzten Systeme müssen hardware- und softwareseitig ausreichend skalierbar sein. Neue Objekte müssen sich ohne großen Aufwand einfügen bzw. wieder herauslösen lassen.

Trotz Autonomie kann es möglich sein, dass externe Eingriffe in das System notwendig werden. Dies ist beispielsweise der Fall, wenn Veränderungen in der Umwelt auftreten, die bei der Spezifikation der smarten Objekte nicht vorgesehen waren. Ein selbstständiges Reagieren auf veränderte Einflüsse ist somit nicht möglich.

Es wurde bereits ausgeführt, dass die smarten Objekte robust sein müssen. Gerade im Bereich der Logistik sind sie extremen Umwelteinflüssen ausgesetzt und müssen trotzdem die an sie gestellten Anforderungen erfüllen. Sie müssen eine hohe Verfügbarkeit und Fehlertoleranz aufweisen und auch beim Auftreten von Fehlern die notwendigen Funktionalitäten zur Verfügung stellen. Dieses Problem wird durch den mobilen Einsatz bei Logistik 4.0 verstärkt. Außerdem müssen sie einen Energieverbrauch aufweisen, um dauerhaft die Funktionsfähigkeit sicherzustellen.

Eine große Herausforderung von Logistik 4.0 ist die Qualität der Daten. Durch die Vielzahl der Möglichkeiten des Einsatzes in der Logistik können die Daten in unterschiedlicher Qualität und Zuverlässigkeit vorliegen. Dies erschwert die not-

---

83   Vgl. Nyhuis et al. [2011], S. 75.
84   Vgl. Nyhuis et al. [2011], S. 75.

wendigen Auswertungen und es muss vorab geklärt werden, wie zuverlässig bzw. fehlerbehaftet diese Daten sind bzw. sein dürfen. Mechanismen zur Fehlererkennung sind zu etablieren. Außerdem liegen die Daten in Echtzeit vor und müssen entsprechend verarbeitet werden. Dies müssen die Prozesse bzw. Systeme leisten können. Bei der Erfassung der Daten ist darauf zu achten, dass die relevanten Zeitpunkte erfasst werden.

3 Umsetzungsfelder Logistik 4.0

In der Literatur werden verschiedene Schwerpunkte zur Umsetzung von Logistik 4.0 genannt. Dies sind u. a. moderne Informations- und Kommunikationstechnik, Authentifizierungssysteme, Assistenzsysteme, 3D-Druck, Robotik, Datenerfassung und
-verarbeitung enormer Datenmengen, Analytics und Vernetzung und Integration über Cloud-Plattformen.[85] Es gibt bereits zahlreiche Forschungs- und Pilotprojekte, auf die in diesem Kapitel detailliert eingegangen werden soll.

3.1 Assistenzsysteme

Assistenzsysteme unterstützen die Mitarbeiter und Nutzer bei Logistik 4.0 und entlasten sie dadurch. Es gibt verschiedene Möglichkeiten zur Unterstützung durch Assistenzsysteme (z. B. durch Virtual-Reality- und Augmented-Reality-Anwendungen).

3.1.1 Mixed Reality

Wie bereits ausgeführt, verschwinden beim Internet der Dinge die Grenzen zwischen physischer und virtueller Realität. Mit dem Thema Grenzziehung beschäftigten sich bereits 1994 Milgram und Kollegen, die ein abstraktes Modell zu Mixed Reality als Kontinuum zwischen realer und virtueller Umgebung (siehe nachfolgende Abbildung) entwarfen.[86]

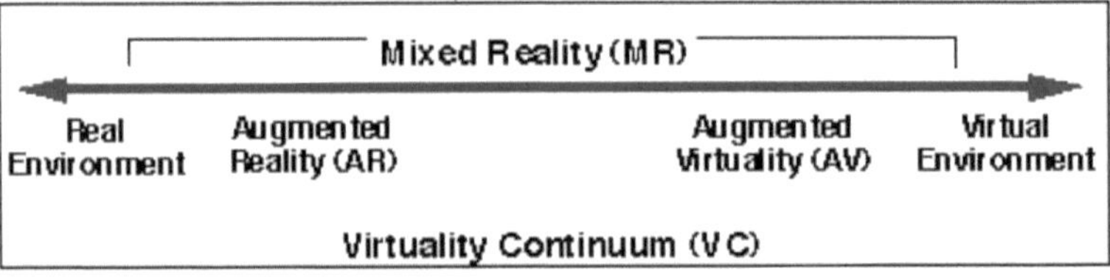

Abbildung 4: Mixed Reality als Kontinuum zwischen realer und virtueller Umgebung (Quelle: Milgram et al. [1994], S. 283.)

---

85 Vgl. Aßmus [2016], S. 17; Nyhuis et al. [2011], S. 75 ff.; Straube [2017], S. 1; Brand et al. [2009], S. 108 ff.
86 Vgl. Milgram et al. [1994], S. 283.

Milgram und Kollegen (1994) führten aus, dass es zwischen der realen und virtuellen Umgebung Überlagerungen mit unterschiedlicher Intensität gibt, ohne dass zwischen den einzelnen Stufen eine klare Trennung existiert.[87] Das Mixed-Reality-Kontinuum kann zur Abgrenzung zwischen Augmented Reality und Virtual Reality angewandt werden.

Bei Virtual Reality werden die reale Welt und ihrer Eigenschaften in der virtuellen Welt realitätsnah abgebildet. Mit Virtual Reality existiert eine Abbildung über ein nicht physisch vorhandenes Objekt, durch die das Objekt existent erscheint.[88] Außerdem kann das virtuelle Objekt mit seinen entsprechenden Eigenschaften, seinem Wesen und seiner Wirkung wahrgenommen und Interaktionen mit ihm vorgenommen werden.[89] Dazu muss das reale Objekt über digitale Informationen (z. B. Standort) verfügen oder eine Erweiterung der Sinneswahrnehmung durch Sensoren ermöglichen. Die Generierung der Eigenschaften erfolgt mithilfe der modernen Informations- und Kommunikationstechnik. Mit Virtual Reality wird eine durch den Computer interaktiv nutzbare, dreidimensional abgebildete Umgebung erzeugt, die ein realitätsnahes Erleben mithilfe von Sensoren ermöglicht.[90]

Im Gegensatz dazu erweitert Augmented Reality lediglich die Realität und liefert dem Nutzer eine erweiterte Ansicht auf reale Objekte durch Überlagerung mit einem computergenerierten Bild.[91] Ein reales Objekt wird also durch virtuelle Elemente ergänzt (z. B. durch Anzeige von virtuellen Objekten im Sichtfeld bei Datenbrillen). Gemäß Azuma (1997) finden bei Augmented Reality außerdem Interaktionen in Echtzeit mit dem Benutzer statt und es besteht ein dreidimensionaler Bezug.[92] Das heißt, dass das virtuelle und das reale Objekt gleichzeitig abgebildet werden. Bei Logistik 4.0 bedeutet dies, dass die Ausgabegeräte diese Anforderungen umsetzen müssen. Der realistische räumliche Bezug zueinander bedeutet, dass die virtuellen Objekte in einem dreidimensionalen Raum auszurichten sind (z. B. durch Positionsermittlung mittels Tracking).[93]

---

87   Vgl. Milgram et al. [1994], S. 283.

88   Vgl. Milgram et al. [1994], S. 287.

89   Vgl. Milgram et al. [1994], S. 287.

90   Vgl. McLellan [1996], S. 463.

91   Vgl. Azuma [1997], S. 357.

92   Vgl. Azuma [1997], S. 357.

93   Vgl. Azuma [1997], S. 357.

Es gibt bereits zahlreiche Augmented-Reality-Systeme, die in der Logistik zum Einsatz kommen, bei denen die virtuellen Zusatzinformationen an dem jeweiligen Anzeigegerät in aufbereiteter Form angezeigt werden. Mit den Ausgabegeräten können verschiedene Sinne angesprochen werden.

Es gibt:[94]

- akustische Ausgabegeräte (Nutzung von Schallwellen),

- haptische Ausgabegeräte (durch Verwendung des Tastsinns) und

- visuelle Ausgabegeräte (durch Einblendung in Augennähe, sog. Head-Mounted-Displays).

Die visuellen Ausgabegeräte können als Umblicksysteme, wobei ein Wahrnehmen der realen Umgebung trotz der angezeigten virtuellen Informationen möglich ist, Durchsichtsysteme (Sichtfeld des Nutzers wird vollständig bedeckt.) oder monitorbasierte oder kopfbasierte Anzeigegeräte ausgeführt werden.

3.1.2 Kommissionieren mit optischen Ausgabegeräten

Innerhalb der Logistik ist das Kommissionieren die schwierigste Aufgabe.[95] Aus einer Gesamtmenge von Gütern müssen beim Kommissionieren Artikel entsprechend den Aufträgen zusammengestellt werden.[96] Eine Auftragszeile (sog. Position) entspricht beim Kommissionieren einer Kombination von Menge und Artikel in den entsprechenden Aufträgen.[97] Es gibt eine Vielzahl von verschiedenen Kommissionierungsverfahren und Kommissionierungstechniken, die miteinander kombiniert werden können. Allen gemeinsam ist, dass diese mit manuellen Tätigkeiten verbunden waren. Aufgrund der bisherigen technischen Entwicklungen war eine vollautomatische Systemausführung mit stückgenauem Zugriff auf einzelne Objekte kaum möglich.[98]

Bei der Kommissionierungssteuerung können die Mitarbeiter durch die modernen Technologien von Industrie 4.0 unterstützt werden. Beleglose Kommissionierungsverfahren (z. B. mit akustischer und optischer Anzeige) sichern eine Erfas-

---

94 Vgl. Fellmann et al. [2015], S. 11.

95 Vgl. Gudehus [2005], S. 685.

96 Vgl. Gudehus [2005], S. 685.

97 Vgl. Ulbrich [2010], S. 8.

98 Vgl. Unternehmen Magazino [2015], S. 2.

sung der Daten in Echtzeit. Ein Kommissionierungsverfahren, das auf Augmented Reality basiert, ist Pick-by-Vision. Bei dieser Form der Steuerung des Kommissionierens werden dem Mitarbeiter virtuell erzeugte Informationen beispielsweise über eine Datenbrille zur Verfügung gestellt.[99] Der Kommissionierer erhält die vom Warenmanagementsystem zur Verfügung gestellten und aufbereiteten Informationen und wird über Wegführung direkt zum Lagerort geleitet.[100] An dem angezeigten Lagerfach wird die Entnahmemenge optisch angezeigt. Der Kommissionierer entnimmt die entsprechende Menge und quittiert diese. Dazu stehen ihm verschiedene Möglichkeiten (z. B. Spracheingabe oder Scanner) zur Verfügung. Die Anzeige der Daten erfolgt orts- und zeitabhängig, in Abhängigkeit von der Blickrichtung und dem aktuellen Stand der Auftragsbearbeitung.[101] Positionserfassungssysteme erfassen dazu die Position und die Blickrichtung des Mitarbeiters. Mit Pick-by-Vision können sowohl Basis-, Tot- und Wegzeiten als auch Kommissionierungsfehler reduziert werden.[102]

Das Unternehmen picavi nutzt beispielsweise Pick-by-Vision mit Datenbrillen zum Kommissionieren.[103] Durch eine Kombination von Prozessführung, Datenbrille, optimierter Wegführung, mobilem Etikettendruck und einer optimalen Anbindung an die vorhandene Datenverarbeitung konnte die Effizienz des Kommissionierens verbessert und die Fehlerquote gesenkt werden.[104] Durch die Lösung ist eine Verarbeitung der Daten in Echtzeit möglich. Bei der Lösung des Unternehmens werden Cloud-Anwendungen eingesetzt.[105]

3.1.3 Automatisiertes Kommissionieren

Beim automatisierten Kommissionieren erfolgt eine automatisierte Materialzuführung an die Kommissionierungsarbeitsplätze oder Roboter übernehmen das Kommissionieren selbstständig. Bei grcif und transportierbaren Artikeln ist ein vollautomatisches Kommissionieren möglich. Aufgrund der hohen Investitionskosten eignen sich diese Systeme oft nur bei einer hohen und nicht schwanken-

---

99 Vgl. Günthner/Rammelmeier [2009], S. 26.
100 Vgl. Günthner/Rammelmeier [2009], S. 26.
101 Vgl. Günthner/Rammelmeier [2009], S. 26.
102 Vgl. Günthner/Rammelmeier [2009], S. 28.
103 Vgl. picavi [2015], S. 1.
104 Vgl. picavi [2015], S. 1.
105 Vgl. picavi [2015], S. 1.

den Auslastung. Es gibt bereits Lösungen zur Umsetzung des automatisierten Kommissionierens. Auf einige Beispiele soll kurz eingegangen werden.

Bei Amazon Robotics, einer Tochter von Amazon, kommen autonome mobile Roboter i. V. m. Steuerungssoftware, Sprachwahrnehmung, maschinellem Lernen, Objekterkennung und semantischem Verständnis von Befehlen zum Einsatz, um das Kommissionieren zu automatisieren.[106] Durch den Einsatz der Roboter müssen die Mitarbeiter nicht mehr bis zu dem entsprechenden Regal laufen, sondern das System nutzt mobile Regale, die von einem fahrerlosen Transportfahrzeug zu den Mitarbeitern gebracht werden (siehe nachfolgende Abbildung).[107]

Abbildung 5: Automatisches Kommissionieren nach dem Ware-zu-Person-Prinzip bei Amazon (Quelle: Amazon [2017], S. 1.)

Die Roboter können etwa 340 Kilogramm heben und erreichen eine Geschwindigkeit von 5,5 km/h. Diese Form des Kommissionierens unterstützt die Mitarbeiter, senkt die Unfallrate, erhöht die Effizienz des Lagers und es können höhere

---

[106] Vgl. Amazon [2017], S. 1.
[107] Vgl. Amazon [2017], S. 1.

Lagerbestände bereitgehalten werden. In Wroclaw kommt diese autonome Form des Kommissionierens erstmals in Europa zum Einsatz.[108]

Das Unternehmen SSI Schäfer GmbH bietet verschiedene Lösungen für das automatische Kommissionieren an.[109] Beispielhaft sollen zwei genannt werden. Mit Fulfillment Factory kann eine automatische Ausführung erfolgen, die auf Hängefördertechnik mit RFID-fähigen Carriern und den dazu passenden Ladungsträgern basiert.[110] Diese automatisierte Versandform eignet sich für Kleidung, aber ebenso für Medikamente, CDs, Kleinelektronik usw.[111]

Eine weitere Lösung von SSI Schäfer ist die 3D-MATRIX Solution®, die in einem vollautomatischen Navette-Lager zum Einsatz kommt.[112] Mithilfe von in die Regale eingebauten Fahr- und Stützschienen kann das System die Einheiten in X- und Y-Richtung autonom bewegen. Die notwendigen Informationen werden durch eine EWM-Lösung (Extended Warehouse Management) zur Verfügung gestellt.

Automatisierte Kommissionierungssysteme bietet auch das Unternehmen Swisslog.[113] Mit dem vollautomatischen System ACRaQ können Mischpaletten kommissioniert werden.

Bei den gefundenen Pick-by-Robot-Lösungen übernehmen Roboter die Lagerarbeiten. Die Lösungen der verschiedenen Unternehmen nutzen autonome Transportroboter, die die Artikel aus den Regalen holen und zum Lagermitarbeiter bringen (Pick-to-Tote). Es gibt jedoch auch Lösungen, die mobile Regale nutzen und diese zum Mitarbeiter fahren (siehe Lösung von Amazon Robotics S.21). Durch Pick-by-Robot-Lösungen kommt es zu einer Reduktion der Fahrwege und der Zeit zur Suche.

Das Unternehmen Magazino verwendet einen Transportroboter Toru, der zu den Regalen geschickt wird, dort die entsprechenden Artikel selbstständig entnimmt und zur Verpackungsstation bringt.[114] Der Roboter Kado entnimmt an der Station die angelieferten Waren, identifiziert sie mittels Scanner und Kamera und bereitet

---

[108] Vgl. Amazon [2017], S. 1.

[109] Vgl. SSI Schäfer [2017], S. 1.

[110] Vgl. SSI Schäfer [2017], S. 1.

[111] Vgl. SSI Schäfer [2017], S. 1.

[112] Vgl. SSI Schäfer [2017], S. 1.

[113] Vgl. Swisslog [2017], S. 1.

[114] Vgl. Unternehmen Magazino [2015], S. 1.

sie für den Versand bzw. für die nächste Produktionsstufe vor.[115] Das System ist modular aufgebaut, sodass beispielsweise zuerst der Transportroboter Toru angeschafft werden kann und später der Roboter Kado.[116] In naher Zukunft können mit dem System von Magazino Fachbodenregallager ohne menschliche Arbeitskraft bewirtschaftet werden.[117]

3.1.4 Weitere Kommissionierungssysteme

Weitere Kommissionierungssysteme, die Industrie 4.0 nutzen können, sind beispielsweise mobile Datenterminals, mit denen die Pickliste beleglos angezeigt werden kann. Diese mobilen Datenterminals haben oft automatische Identifikationssysteme (z. B. ein RFID-Lesegerät) integriert. [118] Auf diese Systeme wird in einem späteren Kapitel ausführlicher eingegangen.

Bei Pick-by-Voice, dem Kommissionieren über die Sprache, werden dem Kommissionierer aus dem WMS (Warehouse Management Systems) die notwendigen Informationen an sein Headset übertragen. Ein Anbieter ist beispielsweise Lydia Voice, der auch eine Integration in die Lagerwirtschafts- und ERP-Systeme des Unternehmens ermöglicht. Das selbstlernende System nutzt Algorithmen zur Optimierung und generiert die notwendigen Stammdaten selbst.[119]

Pick-by-Light ist eine Form des Kommissionierens, bei der eine visuelle Führung des Kommissionierers mittels Lampen und Displays erfolgt.[120] Über das Display wird die Entnahmemenge angezeigt und der Ort der aktuellen Position durch eine am Lagerfach angebrachte Lampe.[121] Bestandsänderungen werden sofort in das WMS übernommen. Oft kommt dabei RFID-Technik zum Einsatz. Ein Anbieter dieser Technik ist insystems, der mithilfe von automatisch navigierenden proANT Transportrobotern und einem höhenverstellbaren Pick-by-Light- Montagesystem autonom kommissioniert. Der Roboter führt den innerbetrieblichen Materialtransport autonom durch, sucht sich seine Routen selbst und beliefert die Arbeitsplätze mit dem notwendigen Material. Die Mitarbeiter können den nächsten

---

[115] Vgl. Unternehmen Magazino [2015], S. 1.

[116] Vgl. Unternehmen Magazino [2015], S. 1.

[117] Vgl. Unternehmen Magazino [2015], S. 1.

[118] Vgl. Günthner/Rammelmeier [2009], S. 23.

[119] Vgl. Lydia [2017], S. 1.

[120] Vgl. Gudehus [2005], S. 718.

[121] Vgl. Günthner/Rammelmeier [2009], S. 24.

Transportauftrag für die Roboter auslösen. Das Montagesystem führt den Mitarbeiter durch den Montagevorgang und kontrolliert die Arbeitsschritte.[122]

3.2 Automatische Identifikationssysteme

Einen großen Einfluss auf Logistik 4.0 haben die automatischen Identifikationssysteme zur Kennzeichnung der Komponenten. Das bekannteste ist der Barcode. Weitere Systeme zur automatischen Identifikation, die bei Logistik 4.0 eingesetzt werden können, sind beispielsweise RFID und QR-Codes, auf die detaillierter eingegangen werden soll. Die Verfahren unterscheiden sich dahin gehend, dass RFID auf Basis von Funkwellen und die anderen auf Basis von optischer Erkennung arbeiten.

3.2.1 RFID

Mit RFID ist ein drahtloser Datenaustausch über elektromagnetische Wellen möglich. Ein RFID-System besteht aus

- einem Lesegerät (mit Lese- oder Lese-/Schreibeinheit),
- einer Software und
- einem Transponder.

Der an das zu identifizierende Objekt angebrachte Transponder kann vom Lesegerät erkannt werden.[123] Das Lesegerät kann überall montiert sein (z. B. am Gabelstapler) und funktioniert über große Entfernungen auch ohne Sichtkontakt. RFID zur automatischen Identifikation kann einerseits zur Positionsbestimmung und andererseits zur Identifikation der Ware verwendet werden. Auf RFID basierende Positionierungssysteme können unterschieden werden nach einem:

- netzwerkbasierenden Ansatz oder
- endgerätebasierenden Ansatz.[124]

Beim netzwerkbasierenden Ansatz werden die Lesegeräte an einem bekannten Punkt im Gebäude bzw. Lager angebracht und das zu identifizierende Objekt besitzt den Transponder. Beim endgerätebasierenden Ansatz sind die Lesegeräte in

---

[122] Vgl. insystems [2016], S. 1.
[123] Vgl. Schmidt [2010], S. 6.
[124] Vgl. Schmidt [2010], S. 6.

das mobile Endgerät (z. B. Datenterminal) integriert. RFID eignet sich gut für Lokalisierungen im Nahbereich, aber es können auch große Reichweiten erzielt werden.[125] Bei zunehmender Entfernung steigen Aufwand und Kosten.

RFID zur Bestimmung der Position wird bereits in der Praxis eingesetzt. Beim Containerterminal in Hamburg Altenwerder wurden mehr als 10.000 Transponder im 125 kHz Bereich in den Asphalt eingelassen. Dadurch können die Transportfahrzeuge selbstständig ihre Position ermitteln und über optimierte Wege die Transportaufträge ausführen.[126]

Eine dezentrale Steuerung von Warenflüssen auf Basis von RFID erfolgte im Rahmen des Forschungsprojekts VitOL (Vernetzte intelligente Objekte in der Logistik) des Fraunhofer Instituts.[127] Es wurde eine entsprechende Testanlage errichtet, die den Behältertransport über Sensornetze automatisiert steuert und überwacht.[128] Anhand von Beispielszenarien erfolgte eine Integration in vorhandene IT-Landschaften. An den Behältern und den Entscheidungsstellen der Anlage wurden Sensoren angebracht, die miteinander kommunizieren. Ein Host beauftragt die mit Intelligenz ausgestatteten Behälter und liefert Informationen zu dem Transportziel. Der Transport der Behälter wird zwischen den Sensoren an den Behältern und den Entscheidungsstellen autonom ausgehandelt und der nächste Zwischenknoten auf Basis der lokalen Routinginformationen bestimmt. Transportkonflikte müssen selbst aufgelöst werden. Die Ausführung wird über Lichtschranken kontrolliert. Das Lokalisieren der Behälter erfolgt über das in die Behälter integrierte RFID. Das Pilotprojekt wurde so konstruiert, dass die Behälterinformationen auch unabhängig von den RFID-Lesern und den Barcodescannern abgefragt werden können. Über die vorhandene Sensorik können Informationen über den Behälter und dessen Umgebung geliefert werden. Bei diesem Pilotprojekt kamen Sensorknoten zum Einsatz, die zur Vernetzung das Funknetz verwenden.[129]

RFID bietet den Unternehmen bei der Verfolgung der Waren, aber auch bei der Inventur große Vorteile. Es können die Lager- und Personalkosten gesenkt wer-

---

[125] Vgl. Strang et al. [2008], S. 48.

[126] Vgl. Strang et al. [2008], S. 49.

[127] Vgl. Pontow [2015], S. 1.

[128] Vgl. Pontow [2015], S. 1.

[129] Vgl. Pontow [2015], S. 1.

den. So hat die METRO Group mit der Future Store Initiative bereits 2005 in Rheinberg einen Supermarkt getestet, bei dem verschiedene Technologien eingesetzt wurden. RFID wurde auf den Paletten und Paketen angebracht. Mit an den Lagerräumen und Warenhäusern angebrachten Lesegeräten kann erfasst werden, welche Waren zu welchem Zeitpunkt das Lager verlassen. RFID kann entlang der gesamten Wertschöpfungskette eingesetzt werden (siehe nächste Abbildung).[130]

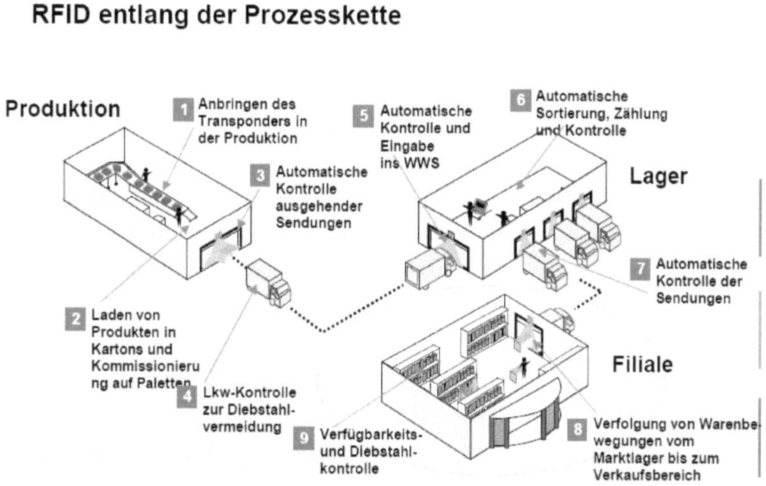

Abbildung 6: RFID-Umsetzung bei METRO Group (Quelle: Robeck [2005], S. 7.)

Ein weiteres Beispiel für den Einsatz von RFID in der Logistik ist beispielsweise die Gepäckbeförderung am Flughafen. Das Fraunhofer Institut hat gemeinsam mit der Universität Dortmund eine Gepäckanlage eines Flughafens mit sogenannten Routingagenten ausgestattet, die über den Transportweg von tausenden Gepäckstücken pro Stunde entscheiden.[131] Dabei wurden alle Gepäckstücke mit einem smarten Label versehen. Bei veränderten Bedingungen (z. B. bei steigendem Gepäckvolumen) können zusätzliche Ressourcen angefordert oder nach Alternativrouten gesucht werden.[132]

---

130 Vgl. Robeck [2005], S. 7.
131 Vgl. Brand et al. [2009], S. 108.
132 Vgl. Brand et al. [2009], S. 108.

RFID kann auch beim Kommissionieren eingesetzt werden. Das Fraunhofer Institut entwickelte ein RFID-Armband, das als mobiler Reader beim Kommissionieren am Handgelenk getragen werden kann. Damit können die Objekte bzw. Greifbereiche schnell und eindeutig identifiziert und Informationen in Echtzeit übertragen werden. Das Armband besteht aus einem UHF-RFID-System, einer Antenne, einer Batterie und einer Funkschnittstelle zur Datenübertragung. Das Armband kann bei Picked-by-Voice- und Picked-by-Light-Lösungen eingesetzt werden.[133]

3.2.2 Barcode und QR-Code

In diesem Abschnitt werden die optischen Verfahren zur automatischen Identifikation erläutert. Die bisher am meisten verbreitete Technologie ist der Barcode, ein eindimensionaler Code, der aus einer Sequenz von Zahlen oder Buchstaben besteht. Die Zahlen und Buchstaben werden als schwarze Balken dargestellt. Die Barcodes können mit Scannern ausgelesen werden. Im Barcode kann beispielsweise die Pickliste für das Kommissionieren gespeichert werden.

QR-Codes zählen zu den zweidimensionalen Codes, bei denen die Daten in Form einer Fläche über zwei Dimensionen codiert sind. Es gibt mehr als einhundert verschiedene 2D-Codes (z. B. Aztec-Code oder DataMatrix-Code), die vor allem im Logistikbereich zum Einsatz kommen.[134] Auf den gebräuchlichsten, den QR-Code, soll an dieser Stelle kurz eingegangen werden. Der QR-Code verfügt über drei ineinander verschachtelte Quadrate, die als Suchelement und zur Lageerkennung dienen (siehe nachfolgende Abbildung).[135]

---

[133] Vgl. Schenk [2016], S. 1.
[134] Vgl. Hegen [2007], S. 1.
[135] Vgl. Niemann [2013], S. 12.

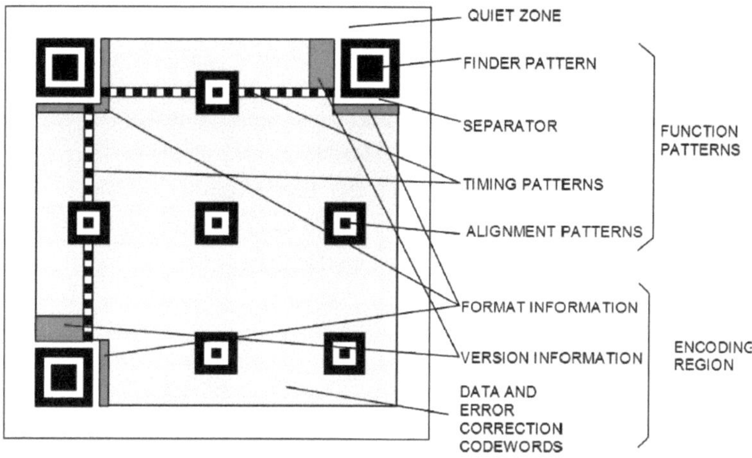

Abbildung 7: Struktur eines QR-Codes (Quelle: Niemann [2013], S. 12.)

Das in obiger Abbildung gelb markierte Datenmodul enthält die codierten Daten und die blau, rot und schwarz markierten Funktionsmodule

- die Formatinformationen (blau),

- die Versionsinformationen (rot) und

- Hilfestellungen für Reader zum Erkennen und Scannen der Codes (schwarz).[136]

QR-Codes arbeiten auf Basis der optischen Erkennung. Maßnahmen zum Schutz vor Verzerrungen sind vorgesehen.

Das Fraunhofer Institut entwickelte mit Coaster, einem Cyber-Physical System, ein extrem kleines Tablet mit integrierter Kamera, das die Kommunikation zwischen Mitarbeitern und Maschine ermöglicht und alle relevanten Informationen anzeigt. Die angebrachten Codes werden über eine integrierte Kamera optisch erfasst. So können beispielsweise alle Prozessschritte in der Logistik durch Coaster abgebildet werden. Mit der Kamera kann das Tablet den Barcode bzw. QR-Code, Maschinendaten und Webseiten auslesen. Über einen am Regal angebrachten Barcode bzw. QR-Code, der ebenfalls mit Coaster erfasst wird, erfolgt eine Kontrolle des Kommissionierens. Verbindet sich der Coaster mit der Maschine, werden die Pa-

---

[136] Vgl. Niemann [2013], S. 12.

rameter der Maschine ausgelesen (z. B. Laufzeit oder Energieverbrauch) und für eine Visualisierung aufbereitet. Coaster kann weiterhin zur Steuerung von intelligenten Fahrzeugen verwendet werden.[137]

Das Unternehmen ProGlove entwickelte einen intelligenten Handschuh, mit dem Pick-Vorgänge automatisch erfasst oder Montagevorgänge verfolgt werden können (siehe nachfolgende Abbildung). Der Handschuh ist mit einem Scanner für den Barcode bzw. QR-Code ausgestattet und kann visuell oder haptisch Feedback geben. Integriert sind WLAN und Gestenerkennung.[138]

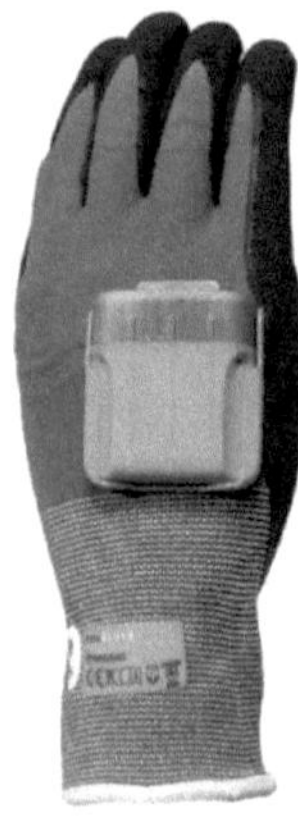

Abbildung 8: Intelligenter Handschuh des Unternehmens ProGlove (Quelle: ProGlove [2017], S. 1.)

3.2.3 Maschinelles Sehen

In der Logistik kann die Bildverarbeitung eingesetzt werden. Es können damit autonome Fahrzeuge (z. B. Roboter, Autos und Drohnen), aber auch Prozesse und Produktionsstraßen gesteuert werden. 3D-Bildverarbeitungstechnologien in Verbindung mit Augmented Reality und maschinellem Lernen können die Logistik verändern. Maschinelles Sehen ermöglicht, dass aus realen Bildern die entsprechende Semantik extrahiert werden kann. Die Ergebnisse können dann zur Prozesssteuerung, für Entscheidungen oder Interaktionen verwendet werden. Mithil-

---

[137] Vgl. Ciprina [2017], S. 1.
[138] Vgl. ProGlove [2017], S. 1.

fe des maschinellen Sehens kann eine automatische Detektion der Objekte erfolgen und in den Bildern hinterlegte Informationen können extrahiert werden. Dazu müssen jedoch die Position und der Blickwinkel des Objekts berücksichtigt werden. Dies kann beispielsweise mit optischem Tracking umgesetzt werden.

Eine Möglichkeit ist das markerbasierte Verfahren, bei dem zur Registrierung des Bildes Marker in der Szene platziert und anhand deren Position Berechnungen durchgeführt werden.[139] Damit kann beispielsweise ein virtuelles Objekt korrekt platziert und ausgerichtet werden. Bei dem Verfahren werden die vorhandenen Bilddaten zunächst dahin gehend untersucht, ob entsprechende Marker vorhanden sind. Die Form und die Beschaffenheit der Marker haben einen großen Einfluss auf die Bilderkennung. Sie müssen sich gut von der Umgebung abheben und sollten mindestens vier eindeutig identifizierbare Punkte aufweisen, um die Ausrichtung berechnen zu können.[140] Der Inhalt der Marker muss einfach ausgelesen werden können.

Die Universidad de Cordoba entwickelte eine Augmented-Reality-Anwendung für die Logistik, die ArUco-Marker, die den QR-Codes ähneln und bei denen 1.024 Markierungen möglich sind.[141] Die ArUco-Marker, deren äußere Reihen und Spalten schwarz sind, werden bis zu einer Größe von ca. 7 x 7 erkannt. Die Identifikation des Markers erfolgt über die Binär-Matrix der inneren Reihen und Spalten des Markers.[142] Mithilfe der Marker können den verschiedenen Objekten (z. B. in der Logistik) virtuelle Informationen hinzugefügt werden.

Zur Bildanalyse gibt es verschiedene Verfahren. An dieser Stelle soll kurz auf die Suche nach Bildmerkmalen eingegangen werden. Anhand von markanten, sich von ihrer Umgebung unterscheidenden Regionen (sogenannten eindeutigen Merkmalen) werden die Objekte auf einem Bild oder in einer Bildsequenz erkannt. Bei den eindeutigen Merkmalen kann es sich um Orte bzw. Punkte in einem Bild handeln. Bei Veränderungen (z. B. des Blickwinkels) werden diese wiedererkannt. Bildmerkmale können beispielsweise Konturen sein. Mit einer Segmentierung des Bildes kann die Erkennung der Objekte verbessert werden. Es existieren

---

[139] Vgl. Stricker [2002], S. 70.
[140] Vgl. Stricker [2002], S. 70 ff.
[141] Vgl. Inicio [o. J.], S. 1.
[142] Vgl. Inicio [o. J.], S. 1.

verschiedene Verfahren zur Ermittlung der eindeutigen Bildmerkmale, auf die in dieser Arbeit nicht näher eingegangen werden soll.

Das Unternehmen Heidler nutzt das Verfahren beim PalletCube. Mithilfe von Time-of-Flight-Kameras werden die Seiten und die Deckfläche von Paletten erfasst. Damit können im Warenausgang für jede Palette das Volumen und das Gewicht bestimmt werden. Überhänge und Auswölbungen werden erkannt.[143]

Das Fraunhofer Institut entwickelte für die Logistik eine Lösung, die zur Bestimmung von Bildmerkmalen Konturen verwendet. Beim 3-D-Konturencheck werden Informationen zum Beladungszustand durch Verwendung einer PMD[144]-Kamera ermittelt. Damit können Beladungszustände und automatische Palettierungen verifiziert werden. Das Verfahren nutzt die auf einem RFID-Transponder gespeicherten Informationen zu Packpositionen und gleicht die Konturen mit der 3-D-Kamera ab.[145]

Das Unternehmen Framos bietet Lösungen zur Automatisierung in der Logistik, die auf der Bildverarbeitung basieren. Das Sortieren kann beispielsweise über Erkennen von Bildmerkmalen wie Dimension, Farbe, Typ oder anderen Merkmalen erfolgen.[146]

3.3 Informationen und deren Verarbeitung

Als ein Schwerpunkt bei der Umsetzung von Logistik 4.0 wurde die Verarbeitung enormer Datenmengen erkannt. Mithilfe entsprechender Analyseverfahren können für die Unternehmen bzw. Kunden Informationen und ein Mehrwert generiert werden.

3.3.1 Big Data und deren Analyse

Big Data ist eine Umschreibung für enorme Datenmengen, deren Management und Analyse.[147] Der Begriff Big Data umfasst also nicht nur die Menge an Daten, sondern auch die entsprechenden Systeme (z. B. zur Speicherung und Analyse).

---

[143] Vgl. Heidler [2017], S. 1.

[144] PMD - Photonic Mixing Device

[145] Vgl. Prasse [2013], S. 1.

[146] Vgl. Framos [2017], S. 1.

[147] Vgl. Bitkom [2012], S. 20.

Big Data kann zur Weiterentwicklung von Geschäftsprozessen beitragen.[148] Die Herausforderungen im Umgang mit Big Data ergeben sich aus folgenden Dimensionen:[149]

- Volume (enorme Anzahl von Datensätzen und Files),
- Velocity (Generieren der Daten in hoher Geschwindigkeit),
- Variety (Verarbeitung von unstrukturierten, strukturierten und semistrukturierten Daten aus internen und externen Datenquellen) und
- Veracity (Verarbeitung von Daten unterschiedlicher Qualität).

Bei Big Data werden Daten in enormen Mengen erfasst und gespeichert, sodass die Unternehmen bei der Verarbeitung dieser Daten an ihre Grenzen stoßen können. Die Verarbeitung soll möglichst in Echtzeit erfolgen (z. B. Verarbeitung von Sensordaten bei Logistik 4.0), um aus diesen Datenströmen Vorteile generieren zu können. Im Rahmen von Logistik 4.0 werden nicht nur mehr Daten aus dem eigenen Unternehmen (z. B. aus der Finanzbuchhaltung), sondern auch externe Daten (z. B. von Sensoren, Feedback von Kunden) verarbeitet. Diese liegen in der unterschiedlichsten Form vor (z. B. als Bild oder E-Mail). Bei Big Data ist es schwierig, die Datenqualität zu gewährleisten und fehlerhafte, ungenaue und unsichere Daten (z. B. Daten aus sozialen Netzwerken) zu bereinigen.[150]

Zunächst müssen die anfallenden Datenmengen in ein semantisch einheitliches Format gebracht und anschließend in die IT-Systeme integriert werden, da die Daten ansonsten nicht verarbeitet werden können. Bisherige Datenbanklösungen sind dieser Komplexität nicht gewachsen und können weder das Management der Daten noch deren Analyse bewältigen. Es sind neue Analyseprogramme und Algorithmen notwendig. Im Rahmen von Big Data spielen Themen wie visuelle Analyse, maschinelles Lernen und Mining eine große Rolle.[151] Aus den vorliegenden Daten müssen Informationen, Muster, Zusammenhänge und Bedeutungen erkannt werden. Dies sollte möglichst automatisiert ablaufen.[152]

---

[148] Vgl. Bitkom [2012], S. 20.

[149] Vgl. Bitkom [2012], S. 19.

[150] Vgl. Zikopoulos/Eaton [2011], S. 10.

[151] Vgl. Zikopoulos/Eaton [2011], S. 10 ff.

[152] Vgl. Bitkom [2012], S. 19 ff.

Zur Datenhaltung kommen Technologien wie Hadoop, NoSQL-Datenbanken und InMemory-Datenbanken zum Einsatz. Das sind Datenbanklösungen, die enorme Datenmengen in kurzer Zeit verarbeiten können. Der Datenzugriff erfolgt mittels Verfahren und Technologien wie Streaming & Complex Event Processing, Batch Processing (z. B. MapReduce), Query oder Search & Discovery.[153] Um aus den Daten relevante Ergebnisse zu gewinnen, werden u. a. Video- und Audioanalytik, Webanalytik, Textsemantik und orts- und raumbezogene Analysen (z. B. durch Verknüpfung mit GPS-Daten) durchgeführt. Dazu kommen u. a. grafenbasierte Methoden, Predictive Analytics und semantische Technologie (wie Parsing, Tokenisierung, Lemmatisierung, Part-of-Speech Tagging) zur Anwendung.[154]

Big-Data-Anwendungen in der Logistik reichen von der Navigation über Verkehrsmanagement, optimierte Logistikprozesse bis hin zum Risikomanagement in der Logistikkette. In der Logistik ist Big Data bereits im Einsatz. Das Unternehmen TomTom Telematics bietet mit TomTom WebFleet eine Lösung für das Flottenmanagement (OnlinePlattform) an, mit der die Fahrzeuge in Echtzeit getrackt werden können. Über die Plattform sind alle Fahrzeuge des Unternehmens verbunden und weitere Geräte aus den Fahrerterminals können eingebunden werden. Mithilfe der Lösung können die Fahrer weltweit kommunizieren und es können optimale Routen und Fahrzeiten zusammengestellt werden. Dazu werden Positionsangaben, Statusinformationen, Tachostand und Verbrauchswerte erfasst und ausgewertet. Die Ergebnisse können dann zur Navigation oder zur Anpassung des Fahrverhaltens bereitgestellt werden. Bereits jetzt nutzen 785.000 Abonnenten diese Lösung. Durch die Nutzung von Big Data bei dieser Lösung können Kilometer, Treibstoff und Zeit gespart werden.[155]

Die DHL hat das Tool Resilience360 für das Risikomanagement entwickelt, mit dem nicht nur global die Routen dargestellt werden können, sondern auch eine für das jeweilige Land spezifische Risikoanalyse durchgeführt werden kann. Im System des Transportmanagements kann ein globaler Störbericht eingebunden werden. Grundlage dieses Services ist die Auswertung und Aufbereitung von weltweit vorliegenden Informationen. Unternehmen können somit über ihre gesamte Wertschöpfungskette weltweit erkennen, wenn Probleme, Störfälle oder

---

[153] Vgl. Bitkom [2012], S. 19 ff.
[154] Vgl. Bitkom [2012], S. 23 ff.
[155] Vgl. TomTom [2017], S. 1.

Gefahren auftreten. Ihnen steht damit ein durchgängiges Risikomanagement für die gesamte Lieferkette zur Verfügung, die mit der Lösung auch komplett visualisiert werden kann.[156]

Die Spedition US-Xpress aus den USA sammelt aus etwa 10.000 Lkw und 22.000 Anhängern in Echtzeit Sensordaten (z. B. über Verschleiß der Reifen, Kraftstoffverbrauch, Geodaten). Gleichzeitig analysiert das Unternehmen Informationen aus den sozialen Netzwerken und Feedbacks von Fahrern und Kunden (z. B. über Rückmeldungen oder Beschwerden). Mithilfe von Big Data konnten die Standzeiten und Wartungszeiten verringert und der Kraftstoffverbrauch reduziert werden. Dazu wird Hadoop, ein Java-Framework zum verteilten Speichern und zur parallelen Verarbeitung von Daten, verwendet.[157] Hadoop ermöglicht es, große Datenmengen schnell und kostengünstig zu verarbeiten, und Knoten können einfach hinzugefügt werden.[158] Mithilfe des Hadoop Distributed File System, das eine verteilte Datenspeicherung ermöglicht, erfolgt eine Verteilung der Daten auf verschiedene Systeme im Servercluster, die dann mit MapReduce am Ablageort verarbeitet werden.[159]

3.3.2 Predictive Analytics

Predictive Analytics beschäftigt sich mit der Vorhersage von Trends und möglichen Zukunftsszenarien anhand von Verhaltensmustern. Dies dient beispielsweise dazu, um zukünftige Trends aufzudecken. Im Rahmen von Predictive Analytics werden vorhandene historische Daten mit Daten aus externen Datenquellen kombiniert. Auf diese Datenmenge werden verschiedene Algorithmen und Regeln angewandt, um daraus Vorhersagen ableiten zu können. Data Mining, Machine Learning und ähnliche statistische Modellierungstechniken und Algorithmen werden genutzt, um in den Daten Muster zu erkennen. Dies soll den Unternehmen dabei helfen, das System korrekt zu beschreiben und zukünftige Entwicklungen (z. B. Auftreten von Geschäftsrisiken) vorherzusagen.[160]

---

[156] Vgl. DHL [2017], S. 1.

[157] Vgl. Zacher [2012], S. 4.

[158] Vgl. Freiknecht [2014], S. 19 f.

[159] Vgl. Bitkom [2014], S. 38.

[160] Vgl. Gronwald [2015], S. 52 f.

Bitkom (2014) empfiehlt bei Predictive Analytics folgendes schrittweises Vorgehen: Zunächst sollen die relevanten Informationen zur Mustererkennung gesammelt werden. Danach ist das passende statistische Modell zur Beschreibung des Systems auszuwählen. Im letzten Schritt sind die Empfehlungen zur Beeinflussung des Trends in die gewünschte Richtung herauszuarbeiten. Bei einer iterativen Vorgehensweise werden die angewandten Modelle ständig verbessert und besser angepasst.[161]

Zum Erkennen der Datenmuster kommt Data Mining zum Einsatz. Mithilfe von Data Mining können aus unübersichtlichen Datenbeständen Muster, Zusammenhänge und Trends erkannt werden (z. B. Korrelation von Wetter und Kauf von Grippemitteln oder Kaufempfehlungen von anderen Kunden), um daraus neues Wissen zu generieren. Die Sammlung und Filterung der Informationen erfolgt

- ohne bestimmten Verdacht oder

- aufgrund unbestätigter Hypothesen.

Data Mining nutzt statistische Methoden, maschinelles Lernen und künstliche Intelligenz.[162]

Mit dem maschinellen Lernen soll verwertbares Wissen generiert werden. Es kommt vor allem bei Unsicherheiten in den Daten und bei komplexen Systemen und Problemen zum Einsatz, die ansonsten nur mit hohem Kostenaufwand gelöst werden könnten. Die vorliegenden Daten werden statistisch ausgewertet, um Beziehungen zwischen ihnen zu finden.[163] Beim maschinellen Lernen werden Verfahren wie beispielsweise neuronale Netze oder lineare Regression angewandt.

---

[161] Vgl. Bitkom [2014], S. 61 f.

[162] Vgl. Bitkom [2014], S. 61 f.

[163] Vgl. Bitkom [2014], S. 66 f.

Es kann unterschieden werden zwischen:[164]

- überwachtem Lernen

(Externer schließt von beobachtbaren Eigenschaften der Objekte mit Statistiken und Mustern auf zu erlernende Zusammenhänge),

- verstärkendem Lernen

(Prüfung durch einen Externen, ob die zum Eingabemuster bestimmte Ausgabe richtig oder falsch ist) und

- nicht überwachtem Lernen (Lernen durch Selbstorganisation).

Die DHL hat 2013 mit der Studie „Big Data in Logistics" den Trend von Big Data und mögliche Anwendungsfälle zum gewinnbringenden Einsatz der enormen Datenmengen in der Logistik untersucht. Die Vorschläge umfassen neben einer in Echtzeit vorgenommenen Routenoptimierung verschiedene Ideen bis hin zur prognostischen Planung des Netzwerks und der Kapazitäten.

Das Modell „DHL Parcel Volume Prediction" nutzt die enormen Datenmengen zur Volumenplanung zu versendender Pakete, um die Kundenzufriedenheit zu verbessern und die Prozesse zu optimieren. Informationen über Onlinekaufverhalten von Privatpersonen, Grippewellen, Wetterbedingungen usw. gehen in die Modellberechnung ein.

Das Fraunhofer Institut sieht das Potenzial von Data Mining bei Logistik 4.0 vor allem in der Verbesserung der Qualität. So kann beispielsweise die Qualität von Bauteilen bzw. Verschleißteilen besser prognostiziert werden.[165] Mithilfe von Data Mining können Kunden auch in Gruppen aufgeteilt und entsprechend gezielt Angebote unterbreitet werden.

3.3.3 Predictive Maintenance und Condition Monitoring

Maschinelles Lernen und Data Mining können bei Logistik 4.0 beispielsweise zur Auswertung der Sensordaten eingesetzt werden, um eine präventive Wartung und Instandhaltung zu ermöglichen. So können Abweichungen vom normalen Betriebsverhalten erfasst und möglichst frühzeitig Ausfälle erkannt werden. Mit Predictive Maintenance und Condition Monitoring kann der Zustand der ver-

---

[164] Vgl. Bitkom [2014], S. 67 f.
[165] Vgl. Fraunhofer Institut [2014], S. 11 ff.

schiedenen Objekte und Prozesse überwacht und Verschleiß bereits frühzeitig erkannt werden. Damit können die Unternehmen ihre Wartungsintervalle optimieren und die Verschleißreserve der Maschinenbauteile möglichst vollständig ausnutzen.[166]

In den Unternehmen kann oft nicht bestimmt werden, wie und wie lange die Objekte im laufenden Betrieb eingesetzt werden. Dadurch kann der tatsächliche Verschleiß oft nicht exakt bestimmt werden und Störungen können auftreten. Mit Sensoren können beispielsweise in der Logistik die eingesetzten Objekte über den gesamten Lebenszyklus überwacht werden (z. B. über Messung der Verunreinigungen im Öl). Instandhaltungs- oder Wartungsmaßnahmen werden dann nur noch durchgeführt, wenn dies notwendig ist. Objekte, die dem Verschleiß unterliegen, können bedarfsgerecht und nicht mehr wie bisher zu festen Zeitpunkten ausgetauscht werden. Fehlerhafte Zustände werden frühzeitig erkannt. Logistik 4.0 kann mit Predictive Analytics und Condition Monitoring die Effektivität und Effizienz der eingesetzten Objekte, Maschinen und Prozesse erhöhen und Kosten senken. Die Instandhaltung und Wartung werden planbarer.[167]

Die von den Sensoren gelieferten Daten werden bei Predictive Maintenance und Condition Monitoring mit den Sollwerten/Grenzwerten verglichen. Kommt es zu Abweichungen bzw. wird ein kritischer Zustand erreicht, wird die Veränderung des Zustandes gemeldet. Es erfolgt eine Diagnose über die Ursache. Aufgrund der vorliegenden vielfältigen Informationen kann der Verschleißzustand des Objekts bewertet werden. Das Unternehmen kann sichere Entscheidungen treffen, die auf zahlreichen Fakten und genauen Analysen beruhen.

Um Condition Monitoring in der Logistik einsetzen zu können, muss das Unternehmen klären, welche Komponenten bzw. Prozesse überwacht werden sollen. Es ist festzulegen, welche Informationen (z. B. physikalische Werte des Objekts, Daten aus der Betriebsführung) benötigt werden. Dann muss noch das normale Betriebsverhalten definiert werden. Um die für den Abgleich notwendigen Schwellenwerte bzw. Grenzwerte bei Predictive Maintenance zu finden, können ebenfalls Verfahren wie das maschinelle Lernen zum Einsatz kommen. Anhand von historischen Daten kann das Normalverhalten des Objekts erlernt und mit aktuellen Werten abgeglichen werden. Mit dem Einbau der Sensoren in die verschiedenen

---

166 Vgl. Denkena et al. [2009], S. 497 f.
167 Vgl. Denkena et al. [2009], S. 498.

Anlagen und Maschinen können eine kontinuierliche Zustandserfassung und damit eine langfristige Überwachung der Merkmale erfolgen. Hersteller der Anlagen können in die Wartung und Instandhaltung besser eingebunden werden und beispielsweise die Überwachung der Anlage übernehmen.

Bei Logistik 4.0 sollen mit Predictive Maintenance und Condition Monitoring vor allem die Wartungskosten durch Ausfälle der Fahrzeuge reduziert werden. Sensoren, die die wichtigsten Daten der Fahrzeuge erfassen, können in die Fahrzeuge integriert werden und permanent die wichtigsten Daten liefern. Schäden können also erkannt werden, ohne dass sie zu Ausfällen führen. Bereits vorhandene Schadensprofile können bei vergleichbaren Schadenssituationen herangezogen werden. Damit können mögliche Schäden vorhergesagt bzw. vermieden werden. Kann also entsprechend den vorliegenden Informationen und dem Schadensprofil mit hoher Wahrscheinlichkeit ein bevorstehender Schaden vorhergesagt werden, kann das Unternehmen rechtzeitig Maßnahmen ergreifen. So kann beispielsweise dem betreffenden Fahrer automatisch die Anweisung erteilt werden, die nächste Werkstatt aufzusuchen. Dies verhindert nicht nur eine Verzögerung im Ablauf, sondern erhöht damit auch die Kundenzufriedenheit.

Predictive Maintenance wird bereits von der Deutschen Bahn und von der US-Eisenbahngesellschaft Union Pacific eingesetzt, die angeben, damit rund 100 Millionen Dollar pro Jahr zu sparen.[168]

3.4 Autonome Systeme und Robotik

Autofahrer werden bereits heute von zahlreichen Assistenzsystemen unterstützt. Basis dafür bilden die Entwicklungen bei den Sensoren (z. B. Radar- und Kamerasensoren) und der Bildanalyse. Eine wichtige Voraussetzung für das autonome Fahren ist die Erfassung und Auswertung des Umfeldes. Dazu werden nicht nur die Informationen aus den lokalen Sensoren, sondern auch aus der Umgebung ausgewertet. Beim autonomen Fahren müssen die auftretenden Objekte nicht nur erkannt und klassifiziert werden, sondern auch deren Verhalten bewertet werden. So muss das System erkennen, ob es sich bei dem Objekt beispielsweise um einen Briefkasten oder möglicherweise um ein auf die Straße laufendes Kind handelt.

---

[168] Vgl. Buhrmann [2017], S. 1.

Der Einsatz von Fahrassistenzsystemen spielt nicht nur bei Autos, sondern auch bei Fahrzeugen in der Logistik eine Rolle (z. B. fahrerlose Gabelstapler). Verschiedenste Sensoren überwachen die Umgebung im Lager, Wareneingang bzw. Warenausgang oder beim Kommissionieren, und die daraus gewonnenen Informationen fließen in die Prozesssteuerung ein. In der Logistik können dadurch hoch spezialisierte, vernetzte Serviceroboter eingesetzt werden, die vielfältige Steuerungsaufgaben übernehmen können. Geisenberger und Broy (2012) führen aus, dass beispielsweise für den Transport und die Verladung autonome Automated Guided Vehicles zum Einsatz kommen könnten.[169] Es gibt bereits eine Vielzahl von Anbietern solcher Automated Guided Vehicles. Es sollen nur einige als Beispiel dafür aufgezählt werden. So stellt beispielsweise das Unternehmen MT Robot AG einen Transportroboter für Kleinteile, den automatisierten Transport und das Kommissionieren her.[170]

Das Unternehmen SSI Schäfer bietet mit Weasel ein fahrerloses Transportsystem an, das Güter verschiedener Größen innerhalb des Unternehmens transportieren kann (siehe nachfolgende Abbildung). Die Transportaufträge kommen vom unternehmenseigenen Materialflusssystem und können skalierbar ausgeführt werden. Über einen Flottencontroller werden die Aufträge verwaltet und den entsprechenden fahrerlosen Transportsystemen zugewiesen.[171]

---

[169] Vgl. Geisenberger/Broy [2012], S. 68.
[170] Vgl. MT Robot [2017], S. 1.
[171] Vgl. SSI Schäfer [2016], S. 1.

Abbildung 9: Fahrerloses Transportsystem Weasel (Quelle: SSI Schäfer [2016], S. 1.)

Das Unternehmen Fetch Robotics hat einen Pickroboter entwickelt, der auch als autonomes Transportfahrzeug beim Kommissionieren eingesetzt werden kann.[172]

Mit dem iGo neo CX 20 entwickelte das Unternehmen still ein autonom fahrendes Kommissionierungsfahrzeug, das sowohl autonom als auch manuell fahrend eingesetzt werden und dem Kommissionierer auf Anweisung folgen kann. Dabei kann beispielsweise der Abstand zum Regal individuell eingegeben werden.[173]

Ein gestengesteuertes Transportsystem zum Einsatz in der Intralogistik hat das KIT unter dem Namen FiFi entwickelt. Zur Steuerung werden 3-D-Daten der Umgebung verwendet. Die Bedienung erfolgt mittels Gesten- und Personenerkennung. FiFi folgt dem Nutzer und die Arbeitshöhe kann mit Gesten angepasst werden.[174]

Das Fraunhofer Institut entwickelte mit InBin einen intelligenten Lagerbehälter, der sich selbst ortet, seine Umgebungsbedingungen (z. B. Temperatur) überwacht und selbstständig Entscheidungen trifft. Seine Logistikprozesse steuert der intelligente Lagerbehälter selbst. Der Lagerbehälter meldet beispielsweise eigenständig, wenn die Lagertemperatur überschritten wird. Er kann mit dem Kommissio-

---

[172] Vgl. Fetch Robotics [2017], S. 1.
[173] Vgl. still [2017], S. 1.
[174] Vgl. KIT [2013], S. 1.

nierer (z. B. über Grafikdisplay) und anderen intelligenten Lagerbehältern kommunizieren.[175]

Das Unternehmen Würth entwickelte einen intelligenten Behälter iBin, der über eine integrierte Kamera und die Nutzung einer Cloud-Lösung die in ihm liegenden Teile zählen kann.[176]

Autonome Systeme im Lager, in der Sortierung und im Wareneingang bietet das Unternehmen Vanderlande mit Automated Case Picking an.[177]

Mit AutoStore ermöglicht das Unternehmen Swisslog ein autonomes Kleinteilelagersystem. Durch Verwendung von Behältern statt Lagerregalen wird nicht nur die Lagerfläche besser ausgenutzt, sondern die Behälter werden auch bis zu den integrierten Kommissionierungsarbeitsplätzen geliefert.[178]

Das niederländische Unternehmen Ancra stellt automatische LKW-Verladesysteme her, die an automatische Lager bzw. Kommissionierung angeschlossen werden können und somit eine Vollautomatisierung des Lagers ermöglichen.[179]

3.5 Weitere Entwicklungen

Weitere Entwicklungen, die auf die Logistik einwirken können, sind beispielsweise 3D-Druck und autonome Flugroboter. Diese technologischen Neuerungen spielen erst seit Kurzem eine größere Rolle für die Logistik. Die Umsetzung wird zunächst noch in Pilotprojekten untersucht.

Der 3D-Druck ist ein IT-Trend, der sich in vielen Bereichen der Wirtschaft etablieren wird, und zählt gemäß Gartner zur Technologie der Zukunft.[180] 3D-Druck bezeichnet „[...] Produktionsverfahren, bei denen die Formgebung nicht durch Materialabtrag, sondern ausschließlich durch Schaffung des Zusammenhaltes durch Materialauftrag von formlosen Stoffen erfolgt"[181] Der Begriff 3D-Druck wird als

---

[175] Vgl. Kerner [2017], S. 1.

[176] Vgl. ten Hompel [2014], S. 16.

[177] Vgl. Vanderlande [2017], S. 1.

[178] Vgl. Swisslog [2016], S. 1.

[179] Vgl. Ancra [2017], S. 6.

[180] Vgl. Gartner [2015], S. 1.

[181] Hurst [2015], S. 3.

Oberbegriff für verschiedene Verfahrenstechniken (z. B. Elektronenstrahlschmelzen, Laserschmelzen, Schmelzschichtung oder Stereolithografie) verwendet.[182] Bei dem Fertigungsverfahren wird vom gewünschten Körper am Computer ein 3D-Modell erzeugt, das dann als Vorlage für das generative Schichtbauverfahren verwendet wird. Durch Hinzufügen des entsprechenden Materials entsteht das gewünschte Produkt. Heute sind 3D-Scanner, mit deren Hilfe das Modell erzeugt wird, bereits in dem 3D-Drucker integriert. Die Herstellung der Produkte erfolgt also ohne Verwendung formgebender Werkzeuge und es sind keine Nachbearbeitungen notwendig.[183]

Auf die Logistik hat der 3D-Druck verschiedene Auswirkungen. Einerseits können für die Logistik benötigte Ersatzteile selbst hergestellt werden, andererseits entfallen Transporte, da die Bauteile bzw. Objekte vor Ort hergestellt werden können. Die Unternehmen benötigen keine Zulieferung von Ersatzteilen und damit keine Lieferkette mehr. Lediglich das Rohmaterial müsste noch zum Drucker geliefert werden. Produktion und Logistik verschmelzen. Es wird davon ausgegangen, dass die Lieferketten dezentraler und fragmentierter werden.[184]

Lokale Wertschöpfung und neue Geschäftsmodelle werden entstehen.[185] Auf die zukünftigen Veränderungen in der Ersatzteillogistik reagierte beispielsweise UPS, die in den USA in den 3D-Druck-Markt einstiegen, indem sie ihre Filialen mit Druckersystemen ausstatteten. In den Filialen werden für kleinere und mittelständische Unternehmen Entwürfe bzw. Prototypen ausgedruckt.[186]

Drohnen zählen zu den unbemannten Luftfahrzeugen.[187] Die Steuerung kann aus der Ferne durch den Menschen oder durch einen Computer erfolgen. Drohnen werden zunehmend im wirtschaftlichen Umfeld eingesetzt. Beispiele dafür lassen sich auch in der Logistik finden.

Im Rahmen des Forschungsprojekts InventAIRy soll eine Drohne auf Basis des Internets der Dinge zur Erfassung von Ware im Lager zum Einsatz kommen. Ziel ist eine autonome Inventur von Lagerbeständen. Der Fokus des Forschungspro-

---

[182] Vgl. Hurst [2015], S. 3.
[183] Vgl. Hurst [2015], S. 6.
[184] Vgl. Wagner [o. J.], S. 1.
[185] Vgl. Aßmus [2016], S. 40.
[186] Vgl. UPS [2013], S. 1.
[187] Vgl. § 1 Absatz 2 Satz 3 LuftVG.

jekts liegt auf der Selbstorganisation, auf der selbstständigen Wahrnehmung der Umgebung sowie auf den Interaktionen untereinander. Die Daten von der durchgeführten Inventur werden an angeschlossene Warehouse-Systeme automatisch übertragen. Die Drohne erhält über Sensoren Informationen über die Umgebung und kann diese dadurch erfassen. Mithilfe der Sensorinformationen und von GPS-Daten kann eine Positionsbestimmung der Drohne erfolgen. Um die Ware erfassen zu können, müssen diese mit automatischen Identifikationssystemen (z. B. Barcode oder RFID) ausgestattet sein.[188]

Das Fraunhofer Institut entwickelte ein Pilotprojekt zum Einsatz von Drohnen in der Logistik. Mit Bin:Go wurde eine vorwiegend rollende Drohne entwickelt, die innerhalb des Unternehmens für leichtgewichtige Waren eingesetzt werden kann (siehe nachfolgende Abbildung).[189]

Abbildung 10: Rollende Drohne Bin:Go (Quelle: Wrycza [2017], S. 1.)

Nachdem der Transportauftrag ausgelöst wurde, wird die zu transportierende Ware in die rollende Drohne gelegt und die Zieldaten werden übergeben. Die Drohne findet autonom den Weg zum Ziel und übergibt dort die Ware. Diese kann sich selbstständig in hohe Regalebenen einlagern.[190]

---

[188] Bundesministerium für Wirtschaft und Energie [o. J.], S. 1.

[189] Vgl. Wrycza [2017], S. 1.

[190] Vgl. Wrycza [2017], S. 1.

4 Zusammenfassung

Die Informationstechnologien durchdringen immer mehr die Logistik. Die Digitalisierung hat enorme Auswirkungen auf die Logistik und bewirkt einen Wandel. Die Logistik muss sich diesem Wandel stellen. Es konnte gezeigt werden, dass mithilfe von Industrie 4.0 und Cyber-Physical Systems die Prozesse in der Logistik optimiert und die Effizienz und Effektivität verbessert werden können. Mit Logistik 4.0 können die Kundenzufriedenheit erhöht und die Prozesse zuverlässiger ausgeführt werden. Im Rahmen der Arbeit wurden konkrete Umsetzungsfelder für Logistik 4.0 aufgezeigt.

Um einen Einstieg in die Arbeit zu erreichen, wurden zunächst Begriffe wie Industrie 4.0 und Logistik 4.0 definiert und deren Merkmale und Anforderungen herausgearbeitet. Vor allem Cyber-Physical Systems und das Internet der Dinge bewirken in der Logistik Veränderungen. Daher wurde erläutert, was unter Cyber-Physical Systems verstanden wird und welche charakteristischen Eigenschaften sie aufweisen. Die Merkmale vom Internet der Dinge, die auch für Logistik 4.0 eine Rolle spielen, wurden erläutert. Das theoretische Kapitel wurde mit einer kurzen Aufzählung der Chancen und Risiken, die durch Logistik 4.0 entstehen können, beendet.

Um die Umsetzungsfelder von Logistik 4.0 zu bestimmen, wurden zunächst mittels Literaturrecherche die Schwerpunkte zusammengetragen, von denen enorme Auswirkungen auf die Logistik erwartet werden. Es wurde festgestellt, dass es sich dabei vor allem handelt um

- Assistenzsysteme,
- automatische Identifikationssysteme,
- Datenerfassung und -verarbeitung enormer Datenmengen,
- autonome Systeme und Robotics.

Bei den Assistenzsystemen spielen Themen wie Augmented Reality und Virtual Reality eine Rolle. Es gibt zahlreiche Kommissionierungssysteme, die dies nutzen. Bei den automatischen Identifikationssystemen zählen RFID, Barcode und QR-Code zu den bekanntesten. Um aus den Bildern die entsprechende Semantik auslesen zu können, wird maschinelles Sehen eingesetzt. Es wurde aufgezeigt, wie das in der Logistik verwendet werden kann.

In der Arbeit wurde erläutert, wie Informationen für die Unternehmen in der Logistikbranche immer mehr an Wert gewinnen. Doch die enormen Datenmengen und deren Analyse stellen die Unternehmen vor große Herausforderungen. Auf dieses Problem wurde kurz eingegangen. Dann wurde aufgezeigt, wie die Auswertung der Daten die Unternehmen unterstützten kann. Themen wie Predictive Analytics und Condition Monitoring und deren Auswirkungen auf die Logistik wurden detaillierter erläutert. Für die jeweiligen Schwerpunkte wurde nach bereits existierenden Lösungen, Forschungs- und Pilotprojekten gesucht und diese wurden vorgestellt.

Auf Themen wie 3D-Druck und der Einsatz von autonomen Drohnen wurde kurz eingegangen. Momentan ist noch nicht abzusehen, wie der 3D-Druck die Logistik verändern wird. Unternehmen müssen ihre Geschäftsmodelle neu überdenken und anpassen. Dies wurde am Beispiel von UPS dargestellt.

Literaturverzeichnis

Acatech [2011] Cyber-Physical Systems: Innovationsmotor für Mobilität, Gesundheit, Energie und Produktion. Positionspapier der Acatech, 2011.

Amazon [2017] We reimagine now. URL: www.amazonrobotics.com, (24.11.2017).

Ancra [2017] Technologieinformation: Automatische LKW Be- und Entladesysteme. URL: https://www.ancra.nl/upload/docs/whitepaper-technologieinformation-atls-ancra-systems.pdf, (18.12.2017).

Ashton, K. [1999] That 'Internet of Things' Thing. In: RFiD Journal, Band 22/2009, S. 97-114.

Ashton, K. [2009] That 'Internet of Things' Thing. URL: http://www.rfidjournal.com/articles/view?4986, (22.11.2017).

Aßmus, D. [2016] Herausforderungen/ Trends in der Logistik. Siemens Logistiktag 2016, Hamburg.

Atzori, L./ Iera, A./ Morabito, G. [2010] The Internet of Things. A survey. In: Computer Networks, Band 54(15), 2010, S. 2787-2805.

Azuma, R. T. [1997] A Survey of Augmented Reality. In: Presence: Teleoperators and Virtual Environments 6, 4/1997, S. 355-385.

Beigl, M./ Gellersen, H./ Schmidt, A. [2001] MediaCups: Experience with Design and Use of Computer-Augmented Everyday Artefacts. In: Computer Networks, Volume 35, Issue 4, 2001, S. 401-409.

Bitkom [2012] Big-Data-im Praxiseinsatz – Szenarien, Beispiele, Effekte. Publikation der Bitkom, Berlin, 2012.

Bitkom [2014] Big-Data-Technologien – Wissen für Entscheider. Leitfaden der Bitkom, Berlin 2014.

Botthof, A./ Bovenschulte, M. [2011] Die Autonomik als integratives Technologieparadigma. Working Paper des VDI, Nr. 02/2011.

Brand, L./ Hülser, T./ Grimm, V./ Zweck, A. [2009] Internet der Dinge: Übersichtsstudie. Publikation des VDI Technologiezentrums, Düsseldorf, 2009.

Broy, M. [2010] Cyber-Physical Systems. Innovation durch Software-Intensive Eingebettete Systeme. Springer Verlag, Berlin 2010.

Buhrmann, U. [2017] Predictive Operations optimiert Logistikketten. URL: https://www.t-systems.com/de/de/branchen/ttl-digitalisieren/themen/predictive-analytics/predictive-maintenance-und-analytics-253568, (18.12.2017).

Bundesministeriums für Bildung und Forschung [2013] Zukunftsbild Industrie 4.0. Publikation des Bundesministeriums für Bildung und Forschung, Berlin 2013.

Bundesministerium für Wirtschaft und Energie [o. J.] InventAIRy. Identifikation mit autonomen Flugrobotern. URL: http://www.inventairy.de/p/projekt_431.html, (20.12.2017).

BVL [2014] Der Wirtschaftsbereich Logistik wird zum Impulsgeber für den Wandel hin zu Industrie 4.0: Summary zur Mitgliederbefragung Komplexitätsreduktion. URL: http://www.bvl.de/thema/komplexitaet#Download, (24.11.2017).

Ciprina, A, [2017] Coaster®: Alle relevanten Informationen auf einem "Bierdeckel". URL: https://www.iml.fraunhofer.de/de/themengebiete/informationslogistik_und_assistenzsysteme/smart_devices/coaster-.html, (05.12.2017).

Czaja, F. [2016] Auswirkungen von Logistik 4.0 auf Mittelstand und Handwerk. Publikation der Hochschule für Logistik und Wirtschaft, Hamm 2016.

Denkena, B./ Pruschek, P./ Noske, H./ Blümel, P./ Röbbing, J. [2009] Lebenszykluskostenreduzierung durch zustandsorientierte Instandhaltung. In: Instandhaltungsplanung ZWF, Jhg. 104 (2009) 6, S. 498-502.

DHL [2017] Resilience360. URL: https://resilience360.com/, (14.12.2017).

Englert, J. [2016] Cyber-Physical Systems. URL: http://www.dislozierung.de/tag/cc-by/page/2/, (20.11.2017).

Fellmann, M./ Heitmann, C./ Metzger, D./ Nobbe, L./ Thomas, O. [2015] Klassifikation, Einordnung und Bewertung der Einsatzpotentiale von Augmented-Reality- Anwendungen für den Technischen Kundendienst. Report des Living Lab Business Process Management Research, Nr. 10, 2015.

Fetch Robotics [2017] Automated Material Transport. URL: http://fetchrobotics.com/automated-material-transport-v3/, (19.12.2017).

Fiedler, M. [2012] Effizienzsteigerung in der Logistik - dank Cyber-Physical Systems. Fraunhofer Institut, Dortmund 2012.

Framos [2017] Logistikautomatisierung mit Bildverarbeitung. URL: https://www.framos.com/de/loesungen/logistik/, (08.12.2017).

Fraunhofer Institut [2014] Einsatz und Nutzenpotenziale von Data Mining in Produktionsunternehmen. Publikation des Fraunhofer Instituts, 2014.

Freiknecht, J. [2014] Big Data in der Praxis: Lösungen mit Hadoop, HBase und Hive. Daten speichern, aufbereiten, visualisieren. München 2014.

Gartner [2015] Hype Cycle for 3D Printing. URL: https://www.gartner.com/doc/3100228, (18.12.2017).

Geisenberger, E./ Broy, M. [2012] Acatech Studie. Publikation der Deutschen Akademie der Technikwissenschaften, München 2012.

Gronau, N. [2015] Der Einfluss von Cyber-Physical Systems auf die Gestaltung von Produktionssystemen. In: Industrie Management 3/2015, S. 279-295.

Gronwald, K. D. [2015] Integrierte Business-Informationssysteme. Berlin 2015.

Gudehus, T. [2005] Logistik. 3. Auflage, Springer Verlag, Heidelberg 2005.

Günthner, W. A./ Rammelmeier, T. [2009] Vermeidung von Kommissionierfehlern mit Pick-by-Vision. Forschungsbericht, TU München, 2012.

Hegen, M. [2007] Mobile-Tagging: Definition: Was ist Mobile-Tagging?. URL: http://mobile-tagging.blogspot.com/2007/06/was-ist-mobile-tagging.html, (04.12.2017).

Heidler [2017] PalletCube. URL: http://heidler-strichcode.de/www/DE/FILES/DOWNLOAD/PalletCube43001.pdf, (08.12.2017).

Hirsch-Kreinsen, H. [2014] Wandel von Produktionsarbeit - „Industrie 4.0". Soziologisches Arbeitspapier Nr. 38/2014. Publikation der TU Dortmund, 2014.

Hurst, S. [2015] Einführung 3D-Druck: Grundlagen, Techniken und Möglichkeiten. Publikation der Technischen Universität Chemnitz, 2015.

IERC [2017] Internet of Things. URL: http://www.internet-of-things-research.eu/about_iot.htm, (20.11.2017).

Inicio [o. J.] ArUco: a minimal library for Augmented Reality applications based on OpenCV. URL: https://www.uco.es/investiga/grupos/ava/node/26, (07.12.2017).

insystems [2016] Pick-to-light Arbeitsplatz im Showroom Industrie 4.0. URL: http://www.pick-2-light.de/pick-to-light-arbeitsplatz-im-showroom/, (27.11.2017).

ITWissen [2017] Smart Object. URL: http://www.itwissen.info/Smart-Object-smart-object.html, (22.11.2017).

Kagermann, H./ Wahlster, W./ Helbig, J. [2012] Umsetzungsempfehlungen für das Zukunftsprojekt Industrie 4.0: Abschlussbericht des Arbeitskreises Industrie 4.0. Publikation der Promotorengruppe Kommunikation der Forschungsunion Wirtschaft, Berlin 2012.

Kawsar, F. [2009] A document based Framework for User Centric Smart Object Systems. Dissertation, Wasseda 2009.

Kerner, S. [2017] InBin – Der intelligente Behälter. URL: https://www.internet-der-dinge.de/de/projekte0/inbin1.html, (18.12.2017).

Kersten, W./Seiter, M./von See, B./Hackius, N./Maurer, T. [2017] Trends und Strategien in der Logistik und Supply Chain Management: Chancen der digitalen Transformation. Studie BVL, Hamburg 2017.

KIT [2013] FiFi – Ein gestengesteuertes Fahrzeug zum Einsatz in der Intralogistik. URL: http://www.ifl.kit.edu/projekte_fifi.php, (18.12.2017).

Kosch, T. [2005] Situationsadaptive Kommunikation in Automobilen Ad-hoc Netzen. Dissertation der Technischen Universität München, 2005.

Lee, E. A. [2008] Cyber-Physical Systems: Design Challenges. Electrical Engineering and Computer Sciences University of California at Berkeley. Technical Report No. UCB/EECS-2008-8. January 23, 2008.

Luxenhofer, H. [2010] Entwicklung und Evaluierung eines dynamischen Prozessplatzierungsverfahrens für verteilte Systeme. Diplomarbeit, Augsburg 2010.

Lydia [2017] PickManager – Pick by Voice flexibel und einfach integrieren. URL: https://www.lydia-voice.com/de/lydia-voice-solutions/lydia-pickmanager/, (27.11.2017).

McLellan, H. [1996] Virtual Realities. In: Jonassen, D. (Hrsg.): Handbook of Research for Educational Communications and Technology, Simon & Schuster Macmillan, New York, 1996, S. 457-487.

Meinhardt, M./ Lippmann, T./ ten Hompel, M. [2011] Cloud Computing für Logistik. Stuttgart 2011.

Milgram, P./ Takemura, H./ Utsumi, A./ Kishino, F. [1994] Augmented Reality: A class of displays on the reality-virtuality Continuum. In: SPIE Vol. 2351, Telemanipulator and Telepresence Technologies (1994), S. 282-292.

MT Robot [2017] KLT Transport. URL: http://www.mt-robot.com/klt-transport.html, (15.12.2017).

Niemann, S. [2013] Quadratisch. Nützlich. Schnell: Experteninterviews zur Nutzung von QR-Codes in Deutschland. Publikation der HTW Hamburg, 2013.

Nyhuis, P./ Reinhart, G./ Abele E. [2011] Wandlungsfähige Produktionssysteme: Heute die Industrie von morgen gestalten. Publikation der Universität Hannover, 2011.

picavi [2015] Picavi Pick-by-Vision beim Kosmetikhersteller Dr. Babor im Echtbetrieb. URL: http://www.plattform-i40.de/I40/Redaktion/DE/Anwendungsbeispiele/339-picavi-gmbh/beitrag-picavi-gmbh.html, (24.11.2017).

Pontow, V. [2015] VitOL Vernetzte intelligente Objekte in der Logistik. URL: https://www.iml.fraunhofer.de/de/abteilungen/b1/automation_eingebetete_systeme/Forschung/vitol.html, (01.12.2017).

Porter, M./ Heppelmann, J. [2014] Wie smarte Produkte den Wettbewerb verändern. In: Harvard Business Manager, Heft 12/2014.

Prasse, C, [2013] 3D Konturcheck. URL: https://www.iml.fraunhofer.de/de/abteilungen/b1/automation_eingebetete_systeme/Forschung/3d_konturcheck.html, (08.12.2017).

ProGlove [2017] This is Mark. URL: http://www.proglove.de/product/technology/, (08.12.2017).

Raubenheimer, H. [2009] Kostenmanagement im Outsourcing von Logistikleistungen. GWV Fachverlage, Wiesbaden 2009.

Robeck, M. [2005] Der RFID Rollout in der Metro Group. Publikation der Metro Group, München 2005.

Schenk, M. [2016] RFID Armband zur mobilen Objektidentifikation im Handlingprozess. URL:
https://www.iff.fraunhofer.de/content/dam/iff/de/dokumente/publikationen/rfid-armband-zur-mobilen-objekt-identifikation-im-handlingprozess-fraunhofer-iff.pdf, (01.12.2017).

Schlenker, D. [2017] Smarte Objekte. URL:
http://www.ipa.fraunhofer.de/industrie40_smarte_objekte.html, (20.11.2017).

Schmidt, M. [2010] Positionsbestimmung in Gebäuden, Publikation der Freien Universität Berlin, 2010.

Schumann, M. [2014] Selbstorganisation in P2P Netzwerken – Eine Betrachtung strukturierter Overlays. Arbeitsbericht 14/04, Universität Göttingen, 2014.

Siegmund, F. [2004] A Context-Aware Communication Platform for Smart Objects. Proc. 2nd International Conference on Pervasive Computing, ETH Zürich, 2004, URL:
http://citeseerx.ist.psu.edu/viewdoc/download?doi=10.1.1.4.7128&rep=rep1&type=pdf, (20.11.2017).

Spath, D./ Ganschar, O./ Gerlach, S./ Hämmerle, M./ Krause, T. / Schlund, S. [2013] Produktionsarbeit der Zukunft – Industrie 4.0. Publikation des Fraunhofer Instituts, 2013.

SSI Schäfer [2017] automatisches Kommissionieren. URL: https://www.ssi-schaefer.com/de-de/produkte/kommissionieren/automatisches-kommissionieren, (24.11.2017).

SSI Schäfer [2016] Das fahrerlose Transportsystem Weasel®. URL:
http://www.ssi-schaefer.ch/foerder-und-kommissioniersysteme/fahrerlose-transportsysteme/weasel-R.html, (15.12.2017).

still [2017] Kommissionierer iGo neo CX 20: Der intelligente Weg. URL:
https://www.still.de/fahrzeuge/gabelstapler-und-lagertechnik/kommissionierer/igo-neo-cx-20.html, (18.12.2017).

Strang, T./ Schubert, F./ Thölert, S./ Oberweis, R. [2008] Lokalisierungsverfahren. Publikation des DLR, Oberpfaffenhofen 2008.

Straube, F. [2017] Smarte Logistik: Hebel der Digitalisierung. URL: https://www.bvl.de/service/zahlen-daten-fakten/logistikbereiche/smarte-logistik, (15.11.2017).

Stricker, D. [2002] Computer-Vision-basierte Tracking- und Kalibrierungsverfahren für Augmented Reality. Dissertation der Universität Darmstadt, 2002.

Swisslog [2017] ACPaQ: robot based solution for Efficient Intralogistic Processes. URL: http://www.swisslog.com/en/Solutions/WDS/Fully-Automated-Picking/ACpaQ-mixed-case-palletizing, (18.12.2017).

Swisslog [2016] Kleinteilelagersystem AutoStore: optimale Ausnutzung der Lagerflächen für Behälter. URL: http://www.swisslog.com/de/Products/WDS/Storage-Systems/AutoStore, (27.11.2017).

ten Hompel, M./ Henke, M. [2014] Logistik 4.0. In: Bauernhansel, T. et al. (Hrsg.): [2014] Industrie 4.0 in Produktion, Automatisierung und Logistik. Springer Verlag, Wiesbaden, 2014, S. 615-624.

ten Hompel, M. [2014] Auswirkungen von Industrie 4.0 in Logistik und Supply Chain Management. Publikation des Frauenhofer Instituts.

ten Hompel, M. [2013] Neue vernetzte Wege in der Logistik. Tagung AUTONO-MIK-Transfer – Industrie 4.0, Berlin, 31. Januar 2013.

TomTom [2017] TomTom Fleet Management - Preisgekrönte Lösung. URL: https://www.tomtom-vehicletracking.com/de_de/tomtom-fleet-management/b?opti_ca=130290540&opti_ag=40808687952&opti_ad=184028666318&opti_key=kwd-32425573860&gclid=EAIaIQobChMIxbr4jIfX1wIVQZ8bCh05aQWOEAAYASAAEgKC_fD_BwE, (15.12.2017).

Ulbrich, A. [2010] Simulationsgestützte Grobplanung von Kommissioniersystemen. Dissertation, TU München, 2010.

Unternehmen Magazino [2015] Kommissionieren 4.0. URL: http://www.magazino.eu/web2016/wp-content/uploads/2016/07/ToruBroschuere.pdf, (24.11.2017).

UPS [2013] Plastik statt Pakete? UPS wird zum Logistiker für 3D-Druck. URL: https://www.mm-logistik.vogel.de/distributionslogistik/articles/418683/, (14.12.2017).

Vanderlande [2017] Robotics. URL: https://www.vanderlande.com/warehousing/innovative-systems/consolidation-shipping/robotics, (18.12.2017).

Vogel-Heuser, B./ Bayrak, G./ Frank, U. [2012] Forschungsfragen in „Produktionsautomatisierung der Zukunft". Diskussionspapier für die Acatech Projektgruppe ProCPS - Production CPS, München 2012.

Volkmann, J. [2015] Vernetzung und Cyber-Physical Systems als Basis von Industrie 4.0. Publikation des Fraunhofer Instituts, 2015.

Wagner, S. [o. J.] 3D-Drucker verändern die Logistik. URL: https://klardenker.kpmg.de/optimieren/transformation/3d-drucker-veraendern-die-logistik/, (18.12.2017).

Wildemann, H. [2004] Der Wertbeitrag der Logistik. In: Logistik Management, 6. Jg. Nr. 3, 2004, S. 67-75.

Wrycza, P. [2017] Bin:Go – Die rollende Transportdrohne. URL: https://www.iml.fraunhofer.de/de/abteilungen/b1/verpackungs_und_handelslogistik/forschungsprojekte/bingo.html, (20.12.2017).

Zacher, M. [2012] Big Business Dank Big Data? Neue Wege des Datenhandlings und der Datenanalyse, Deutschland 2012. Publikation des IDC, Frankfurt am Main 2012.

Zikopoulos, P./ Eaton, C. [2011] Understanding Big Data: Analytics for Enterprise Class Hadoop and Streaming Data, McGraw-Hill, New York 2011.